Cuando la piel es demasiado fina

ROLF SELLIN

Cuando la piel es demasiado fina

Hipersensibilidad:
De lo negativo a lo positivo

EDICIONES OBELISCO

Si este libro le ha interesado y desea que le mantengamos informado
de nuestras publicaciones, escríbanos indicándonos qué temas son de su interés (Astrología,
Autoayuda, Ciencias Ocultas, Artes Marciales, Naturismo, Espiritualidad, Tradición…)
y gustosamente le complaceremos.

Puede consultar nuestro catálogo en www.edicionesobelisco.com

Colección Psicología y Autoayuda
CUANDO LA PIEL ES DEMASIADO FINA
Rolf Sellin

1.ª edición: octubre de 2025

Título original: *Wenn die Haut zu dünn ist*

Traducción: *Beatriz García Alonso*
Maquetación: *Marga Benavides*
Corrección: *M.ª Jesús Rodríguez*
Diseño de cubierta: *Enrique Iborra*

© 2020 Kösel-Verlag,
división de Penguin Random House Verlagsgruppe GmbH, Alemania
www.penguinrandomhouse.de
Derechos en español negociados a través de Ute Körner Lit. Ag.
www.uklitag.com
(Reservados todos los derechos)
© 2025, Ediciones Obelisco, S. L.
(Reservados los derechos para la presente edición)

Edita: Ediciones Obelisco, S. L.
Collita, 23-25 Pol. Ind. Molí de la Bastida
08191 Rubí - Barcelona - España
Tel. 93 309 85 25
E-mail: info@edicionesobelisco.com

ISBN: 978-84-1172-335-0
DL B 14992-2025

Impreso en España en los talleres gráficos de Romanyà/Valls, S. A.
Verdaguer, 1 - 08786 Capellades (Barcelona)

Printed in Spain

Si te identificas con el siguiente texto, no hay duda de que este libro es para ti.

Antes

Un momento típico

Gerlinde volvió a reprocharse no ser tan tranquila como sus compañeras. Ellas no se cuestionaban nada ni se paraban a pensar en los contratiempos que podían surgirles en sus proyectos, para los que, ella consideraba, no estaban realmente preparadas. Era consciente de que con sus preguntas nunca se haría popular, por lo que lo dejó. Además, aunque habría sabido cómo ayudar a sus compañeras, aquello era asunto de sus superiores y no de ella. Así que ahora Gerlinde también se echaba en cara romperse la cabeza por los demás.

Sus colegas llevaban ya un tiempo disfrutando de la pausa para el almuerzo. Al principio había recibido con alivio la tranquilidad, pero ahora la acechaban otros estímulos: el silbido del aire acondicionado, un suave pitido en los radiadores, la llegada del ascensor, los ventiladores de los ordenadores portátiles, el tictac de los relojes… A pesar de que le hacía falta un poco más de tiempo para terminar bien el trabajo, algo la empujaba a hacer lo mismo que sus compañeras, pero acabó su tarea. Ordenó un poco por encima el escritorio, aunque no le gustaba nada, porque así le costaría más encontrar sus cosas, pero ¿qué impresión habría causado si no esa mesa?

De camino, una mitad de ella estaba aún en el trabajo y la otra había entrado ya en el comedor. ¿Debía salir a comer o mejor a dar un paseo? Luego volverían a decir que era un poco solitaria. Cuando pasaba por donde estaba el equipo de *marketing*, siempre asociaba sus risas a ella. ¿Quizá debería mirarse en el espejo? Se contempló en busca de algo raro. Intentó esquivar al conserje, que se acercaba con una escalera. Primero a un lado y luego al otro. Con un hábil giro de la escalera, consiguió evitar a tiempo que chocaran.

En el comedor, Gerlinde se sentía sobrepasada por el sinfín de estímulos que percibía a su alrededor: una luz deslumbrante, olores opuestos de comida que no encajaban, el murmullo de las voces que competía con el ruido de los cubiertos, el raspado metálico de un cucharón de sopa que la hizo encogerse y que provocó que le dolieran los dientes.

En esas se le acercó el señor Stechel para iniciar otra conversación de trabajo allí mismo, justo delante del mostrador donde se servía la comida. Lo dejó hablar, apenas podía concentrarse en aquel ambiente. Cuanto más la desbordaba todo, más veces decía sí, y listo. No obstante, era consciente de que en un rato empezarían los arrepentimientos. Por fin logró librarse de él.

¿Dónde se debía poner para hacer cola? Sin saber lo que había, eligió la fila más corta para evitar males mayores. En cuanto alguien se ponía detrás de ella, percibía la impaciencia del recién llegado. Por delante la frenaban, por detrás la atosigaban, y ella estaba allí, atrapada en el medio. Reaccionó sudando. Por si fuera poco, la abrumaba el temor de que ella misma pudiera desprender un mal olor capaz de quitarle el apetito a los demás. No podía soportar más la tensión. ¿Qué pensarían de ella si se saliera ahora de la cola? ¿La tomarían por indecisa? ¿La tacharían de demasiado sensible? ¿Se burlarían de que no fuera lo suficientemente fuerte? Si esto seguía así, pronto sentiría una presión en la vejiga que la obligaría a ir al baño. Con sólo pensar en ello, ya necesitaba visitar con urgencia el inodoro. Lo mejor que podía hacer era retirarse a tiempo. Aún no tenía ni siquiera la bandeja y podía prescindir perfectamente de la comida caliente. En el puesto de pasteles atendían enseguida. Aunque quería perder peso, comió algo dulce. Eso era lo más sencillo. Ahora le quedaba encontrar un lugar tranquilo en algún rincón alejado, aunque no le resultaba nada fácil mantener el equilibrio con la bandeja en medio de todo el barullo del comedor, pues se sentía al límite de sus fuerzas. Entonces, la señora Welz le hizo señas con la mano y la invitó a sentarse. ¿Cómo iba a decirle que no? Gerlinde sonrió y se dirigió al asiento que le indicaba la señora Welz. Ya sabía lo que la esperaba. La señora Welz volvería a contarle todos sus problemas. Una parte de ella se sentía honrada por ello, porque, a fin de cuentas, la señora Welz no compartía sus desvelos con todo el mundo. También le gustaba la profundidad de las conversaciones cuando hablaban de asuntos tan importantes de la vida como el matrimonio. Y Gerlinde siempre tenía buenas soluciones para los problemas de los demás, aunque la señora Welz había rechazado cada una de sus sugerencias.

Sin embargo, hoy Gerlinde también quería desahogarse. Pero, nada más empezar a hablar de sí misma, a la señora Welz le surgió algo urgente y tuvo que marcharse a toda prisa.

Si también quieres encontrarte en el siguiente texto, este libro seguro que es para ti.

Después

Un momento típico

Antes de salir a comer, Gerlinde se tomó el tiempo necesario para terminar su trabajo con tranquilidad. Colocó el escritorio, se hizo una idea general de todo lo que tenía pendiente y ordenó las tareas según su urgencia e importancia. Así, en caso de aparecer algo inesperado, estaría a la altura. Ya había aceptado que a veces precisaba un poquito más de tiempo para desempeñar su trabajo, y sabía apreciar su prudencia y responsabilidad tanto como su jefe.

Se concentró brevemente antes de dirigirse al comedor. El término «concentrarse» la hizo sonreír. De hecho, tuvo la sensación como de llamar al orden a su atención y, por tanto, a su energía desde todos los ángulos posibles de la rutina laboral para que regresaran a ella con el fin de reconcentrarse mejor en sí misma. Volvió a sentir su cuerpo y su hálito con más intensidad, y su respiración se tornó al mismo tiempo más tranquila y profunda. Esto la ayudó a sentirse más fuerte en general. Las tensiones en la zona de la cabeza, que seguían haciendo acto de presencia de vez en cuando, disminuyeron considerablemente. En ocasiones aún sobrecargaba su mente, aunque ya había aprendido a trabajar de forma más sencilla y relajada.

De camino al comedor, percibió cómo los compañeros de *marketing* hablaban animadamente. Registró la escena y los saludó con amabilidad. Todos los miembros del equipo le devolvieron el saludo. No, así no se respondía a alguien que era el tema de conversación. ¿Por qué iba a ser ella el centro de su charla? Cuando estaba consigo misma, aquello no le interesaba mucho.

En el pasado se contagiaba al instante de cualquier estado de ánimo de los demás. Gerlinde decidió aceptar conscientemente el buen humor de sus compañeros, sin saber la causa de su buen talante. Y así entró en el comedor. Se alegró de cómo la luz caía sobre las plantas a través de la ventana lateral. Sus hojas proyectaban en el suelo sombras de formas extrañas que le recordaban a obras de Matisse. Como estaba centrada en sí misma y al mando de su propia atención, sólo se percató del ruido en el comedor, sin que el volumen y el alboroto de las voces la afectaran. Una vez más su camarada Stechel se le acercó para conversar sobre el trabajo. Pero hoy fue él quien se frenó. Antes de arrancarse a hablar, ella se le adelantó y le anunció que lo llamaría sobre las dos de la tarde para hacerle una pregunta. Entonces, ya podría aprovechar esa llamada para hablar de todo con ella. Con una amable sonrisa, lo dejó atrás.

Antes de que le sirvieran la comida, se tomó su tiempo para decidir qué plato le gustaría más. Aquél era un buen ejercicio para adquirir conciencia de sus necesidades y cuidar de sí misma. Además, así podía probar un método para tomar decisiones. ¿Cómo se sentiría su cuerpo después de saborear unos espaguetis blandos con salsa marrón rojiza y unas albóndigas de color pálido? ¿Y después de comer cerdo asado a la bávara con patatas y col? ¿O después de degustar la menestra de verduras a la jardinera? Volvió a comprobarlo y se decidió por la menestra de verduras, que le evocaba una sensación de armonía en el estómago, aunque tuviera que hacer cola para conseguirla. Precisamente en la fila se colocaba detrás, y procuraba dejar un espacio suficiente con la persona que tenía delante, aunque la compañera que aguardaba su turno tras ella intentara empujarla con fuerza. Hacer cola le recordaba sus estancias en Londres, las esperas por los autobuses de dos pisos. Por fin tenía en sus manos la bandeja con la deseada menestra de verduras.

Desde que hacía bien poco le diera a la señora Welz el número de teléfono de un terapeuta matrimonial, ésta ya nunca la saludaba para invitarla a su mesa. ¿En compañía de quién le gustaría comer hoy? ¿Acaso le apetecía unirse sus compañeros, que también estaban ocupados consigo mismos? Lo cierto es que sabía muy bien estar sola. ¿Qué tal hablar con el señor Steiner y la señora Küfner? Le resultaban simpáticos. Gerlinde los saludó y les preguntó si el asiento que quedaba a su lado estaba libre.

El ejemplo ficticio de Gerlinde demuestra lo siguiente: el hecho de que alguien sea hipersensible no dice nada sobre si esta persona está satisfecha o insatisfecha, feliz o infeliz, agotada o llena de energía. Hay personas hipersensibles que sufren por su sensibilidad, mientras que otras saben utilizar su predisposición de forma constructiva.

¿Te gustaría aprender a transformar tu hipersensibilidad? ¿Quieres que deje de ser algo negativo y se convierta en algo positivo? Si es así, bienvenido a este libro.

Prólogo: Un libro cambia mi vida

Cuando, hace años, una soleada tarde de septiembre entré en una librería en Santa Bárbara, California, no tenía ni la más remota idea de que ese momento cambiaría mi vida para siempre. Allí me topé con un libro titulado *The Highly Sensitive Person (La persona altamente sensible)*. Al ver la portada, pensé que podría ser interesante. Sin embargo, cuando leí el subtítulo, *How to Thrive when the World Overwhelms you (Cómo prosperar cuando el mundo te abruma)*, mi corazón empezó a latir más fuerte: conocía esos sentimientos desde mi infancia. Así, sin pensarlo, compré tanto ése como todos los demás libros de la autora Elaine N. Aron. Nada más llegar a casa, me puse a leer sin parar. En esas páginas, la autora me estaba retratando a mí, pero también estaba describiendo mi situación en general.

En aquel instante no sólo me reconfortó sentirme reconocido y comprendido. Hubo algo más que eso: mi trabajo y mis esfuerzos, hasta ahora en silencio, habían encontrado su foco. Y es que, para comprenderme y sobrevivir de forma sana, había dedicado mi tiempo a realizar una serie de formaciones psicoterapéuticas y a adquirir todo tipo de técnicas y métodos, o a desarrollarlos yo, y ahora podría ponerlos a disposición de otras personas que se sentían igual que yo a través de seminarios y sesiones individuales. De todo lo trabajado, sobresalía el controlar la propia percepción y procesar conscientemente los estímulos hasta reducir el dolor. La clave residía en el autocentramiento, en los métodos de delimitación o permeabilidad consciente, y en la distancia interior hacia uno mismo o hacia los demás. Luego vinieron desde las técnicas para reducir el estrés hasta los métodos para cambiar los hábitos de pensamiento y los patrones emocionales… En resumen, yo siempre me había preocupado por dar con *la forma constructiva de tratar la hipersensibilidad*, aunque hasta entonces nunca había manejado tal término. Sin embargo, ahora se me presentaba la oportunidad de recopilar todas mis investigaciones y acercárselas a las demás personas hipersensibles que sentían lo mismo que yo. De pronto tenían un nombre y, por lo tanto, se hacía más fácil llegar a ellas.

Hipersensibilidad: ¿Cómo vivir bien con esta predisposición?

A lo largo de este libro, no me limito a describir la naturaleza de las personas hipersensibles y los muchos problemas que pueden ir asociados a esta cualidad. Tampoco me conformo con transmitir un sentimiento efímero de gran autoestima. Para mí, lo importante es responder a la siguiente pregunta: ¿por qué algunas personas hipersensibles son felices, se sienten interiormente plenas y viven exteriormente con éxito su don, mientras que para otras parece más bien una carga? ¿Qué les ocurre a las personas hipersensibles menos felices que sufren por su predisposición? ¿Qué sucede exactamente en su interior? ¿Qué perciben? ¿Cómo procesan los estímulos? ¿Cómo se comportan? ¿De qué manera crean su situación? *¿Y cómo se puede percibir, pensar, sentir, comunicar y manejar la propia energía de forma diferente para que el don de la hipersensibilidad se convierta en una bendición? Porque es posible. También para ti.*

Aprender a poner límites

Con mis pacientes y en mi propio pasado, me he topado de forma repetida con intentos fallidos de adaptación, esfuerzos vanos por «no ser tan sensible». Justamente estos esfuerzos inútiles por no ser como uno es y no percibir como uno percibe son los que conducen a los problemas con ese don del que tan a menudo nos quejamos. En el proceso se sacrifica la autopercepción, que primero vuelve con retraso y luego con urgencia. *Quien no se percibe a sí mismo a tiempo no puede cuidar bien de sí mismo.* No está consigo mismo, no asume su propia posición en la vida. Esto suele conllevar una pérdida de energía en el contacto con el mundo exterior y dificultades a la hora de establecer límites. Quien percibe de forma consciente está centrado, es capaz de marcar límites y goza de más energía.

¿Qué son los límites? Incluso después de leer algunos libros sobre esta cuestión, uno puede tener la impresión de que los límites son algo arbitrario. Para mí es importante recalcar que los límites de una persona tienen una base muy físico-sensual y concreta. A estas alturas, no hace falta mencionar que los conflictos surgen por la falta de límites. Sólo cuando las personas hipersensibles aprenden a fijar sus límites y desarrollan su capacidad para afrontar los conflictos, que suele ser otro déficit, logran aportar eficazmente sus dones especiales a las amistades y las relaciones de pareja. En esta obra y, sobre todo, en mi libro *Bis hierher und nicht weiter* (Hasta aquí y no más) se incluyen ejercicios específicos para percibir y establecer límites.

Esa forma especial en que las personas hipersensibles perciben las cosas también tiene otras consecuencias: quienes asimilan tantísimos estímulos deben procesar demasiada información. De hecho, las personas hipersensibles piensan de un modo diferente. Ese potencial que las caracteriza a menudo sólo pueden utilizarlo cuando convierten su propio pensamiento en el objeto de su percepción y pensamiento consciente. Todo esto tiene que ver con el modo en que las personas altamente sensibles captamos los estímulos. De ahí que la percepción y el manejo consciente de ésta sean el eje de mi trabajo.

Y puesto que las circunstancias que rodean a los hombres, las mujeres y los niños hipersensibles pueden ser muy distintas, en este libro aparecerán secciones que tratan específicamente las diferentes particularidades y exigencias.

Lo que puedes ganar

Es mucha la literatura sobre el tema que se ha hecho eco de la situación de las personas hipersensibles, si bien a menudo lo escrito se ha reducido a lamentos o, en ocasiones, incluso se ha intentado maquillar la realidad. *Por eso, ha llegado el momento de mostrar cómo nosotros mis-*

mos podemos afrontar la hipersensibilidad de forma activa y constructiva para convertirla en una bendición tanto para nosotros como para los demás. Las reflexiones que se plantean, los experimentos y los ejercicios de este libro permiten un manejo consciente y orientado a buscar soluciones con el don de la hipersensibilidad. De este modo, no sólo llegarás a comprender mejor tu propia situación, sino que también encontrarás la motivación que necesitas para tratarte de modo diferente. A lo largo de estas páginas, descubrirás distintas maneras de desarrollar tu don. Verás que, cuando logras controlar y dosificar tu propia percepción, toda tu vida cambia.

Por experiencia, conozco bien los errores que las personas hipersensibles tendemos a cometer. Por eso, ahora ya, cuando me preguntan por la eficacia de mi trabajo, no relato los éxitos de mis pacientes y participantes en seminarios, me basta con referirme a mi propia persona. Conozco el antes y el después. Así, en este libro he volcado mis amplios conocimientos sobre los procesos mentales y energéticos de percepción y procesamiento de estímulos de las personas altamente sensibles, como yo. Repartidos por el libro, encontrarás también ejemplos de mi trabajo con otras personas altamente sensibles. Ojalá pueda ayudarte a vivir una vida más sosegada y feliz, en la que tu hipersensibilidad se convierta en tu aliada y no en tu enemiga.

Personas altamente sensibles: Personas con una piel muy fina

Las personas altamente sensibles o hipersensibles suelen estar más abiertas a las cuestiones psicológicas que otras personas. Ansían comprenderse a sí mismas y al mundo. Osan mirar entre bastidores, y acostumbran a cuestionarlo todo, de ellas y de lo que las rodea. Por todo ello, muchas personas hipersensibles se acaban dando cuenta de que, debido a su percepción, en realidad no tienen más remedio que elegir entre, por un lado, su sufrimiento y el de su alrededor, y, por otro, el camino hacia una mayor conciencia y el desarrollo de ésta.

La contribución de las personas hipersensibles

La mayoría de las personas hipersensibles sueñan con hacer del mundo un lugar más humano, y están dispuestas a aportar su granito de arena. Precisamente ahí reside su contribución a la sociedad. Son las primeras a la hora de detectar injusticias e incoherencias. Nadie las gana cuando se trata de advertir lo que falta. Y acusan más que el resto las consecuencias cuando la humanidad no alcanza las expectativas.

Para mantener una mente sana y desarrollarse en lo personal y lo profesional, las personas hipersensibles tienen que esforzarse más mentalmente y necesitan demostrar un cierto saber hacer. Se ven obligadas a aclararse una y otra vez y a trabajar bien su interior para no enredarse en los conflictos internos y externos y en las muchas presiones a las que están expuestas. Sin embargo, en dicho trabajo interior reside también una gran ventaja. Ahí está lo más valioso de la persona hipersensible: el desarrollo de su conciencia. De pronto un día descubres que cuentas con un maravilloso tesoro: tu gran riqueza interior. Para la sociedad, se trata de una incalculable e importantísima aportación a una mayor humanidad. Y es que… ¿quién podría hacerlo mejor que las personas altamente sensibles?

Cuando una persona hipersensible sale a pasear por un bosque, capta más impresiones que sus acompañantes menos sensibles. Y también es capaz de reconocer más conexiones entre lo que percibe y otras cosas y fenómenos. En este sentido, cuando va a un concierto o a un museo, en realidad, debería pagar una entrada más cara que el resto de los visitantes, puesto que puede experimentar y disfrutar más gracias a su capacidad de percepción, siempre que las impresiones ya no le supongan un agobio, como en ocasiones me ocurría a mí tiempo atrás. Aunque a simple vista no se observe nada distinto, lo cierto es que la experiencia de una persona hipersensible puede llegar a ser intensa y densa. (Por eso no necesitamos nada extraordinario, a menos que pertenezcamos a un tipo muy especial de persona hipersensible del que hablaremos en la página 26).

Recibir más estímulos que los demás y hacerlo con mayor intensidad. Esto también se aplica a los aspectos más sombríos de la vida. Las personas hipersensibles pueden sentir en sus propias carnes toda la miseria del mundo, la necesidad y la injusticia, el dolor y el sufrimiento. Debido a su enorme compasión, llegan a intensificar aún más los padecimientos, y a sentirse tan sobrepasadas y debilitadas que se vuelven incapaces de actuar. Ahí es cuando el dolor les puede asestar un tremendo golpe.

Por cierto, cabe recordar que hipersensibilidad no siempre significa sentir *más profundamente* que los demás. Si bien hay personas hipersensibles que sienten de forma muy intensa, también están aquellas que desarrollan sentimientos menos profundos. Pese a ello, sufren igualmente por el exceso de estímulos que asimilan, puesto que también tienen que hacer frente a todos ellos y procesar la información.

En general, existen combinaciones muy diferentes de hipersensibilidad con otros dones y características, como el hecho de ser superdotado.

¿HIPERSENSIBILIDAD ES IGUAL A SUPERDOTADO?

En principio, la hipersensibilidad sólo significa que una persona recibe más estímulos que los demás y de una forma más intensa. No dice nada sobre si alguien es fuerte o débil, introvertido o extrovertido, qué otros dones tiene o cuán inteligente es. No obstante, sí parece haber una relación clara entre la superinteligencia y la hipersensibilidad. Existen personas hipersensibles de todo tipo. Además, no se sabe a ciencia cierta cómo cada persona gestiona su hipersensibilidad, si consigue utilizarla de forma constructiva o si, por el contrario, le supone un sufrimiento.

La recepción de estímulos: un criterio decisivo

Del mismo modo que un pastel se puede dividir de formas muy distintas, al conjunto de personas también podemos dividirlo atendiendo a distintos criterios, como el grupo sanguíneo, el color de ojos o la estatura. Y puesto que vivimos en una época en la que las personas están expuestas cada vez a más estímulos e información, cobra sentido observar a la humanidad bajo el prisma de la recepción de estímulos. Quienes perciben de forma más sensible e intensa tienen más dificultades con la sobrecarga de estímulos que quienes reciben menos. Se les da en su punto más débil y se las reta a abordar constructivamente su forma especial de asimilar y procesar los estímulos si no quieren sufrir o incluso tocar fondo y fracasar.

Cómo la ciencia ha pasado de largo

A día de hoy, aún no se ha investigado lo suficiente qué es lo que hace que las personas hipersensibles percibamos más y lo hagamos de un modo diferente, más profundo y delicado que los demás. ¿Se debe acaso a que nuestro sistema nervioso está muy desarrollado? ¿Quizá las personas altamente sensibles desarrollamos más receptores en el cerebro? ¿Puede existir alguna razón por la que produzcamos más neurotransmisores? De ser así, ¿cuáles? ¿Contamos con más células espejo que nos llevan a ponernos siempre en el lugar de los demás? ¿Existe una sola causa para este don o han de confluir varias? Todas éstas son preguntas dirigidas a la ciencia. Mientras, nosotros nos mantenemos expectantes y deseosos de conocer los resultados de las investigaciones.

LA PIONERA ELAINE N. ARON

La psicóloga estadounidense Elaine N. Aron se merece un reconocimiento por «descubrir» la hipersensibilidad desde el punto de vista profesional en el momento oportuno y por acuñar el término «persona altamente sensible» que hoy tanto utilizamos. Fue durante una terapia con una compañera cuando, sin esperarlo, se vio sorprendida por el comentario de su terapeuta: «Tú también eres una persona hipersensible». Aquello la dejó estupefacta. El tema de la hipersensibilidad nunca había salido durante sus estudios. De hecho, su investigación posterior dejó claro que, por extraño que pareciera, se había adentrado en territorio desconocido.

Elaine N. Aron publicó su primer libro sobre el tema en el año 1996, *La persona altamente sensible*. Basta leer su ingenioso subtítulo para comprender la actitud ante la vida de las personas hipersensibles: *Cómo prosperar cuando el mundo te abruma*. Esta exitosa obra fue seguida por otros títulos.

En los últimos años, el reputado psicólogo evolucionista estadounidense Jerome Kagan, junto con un grupo de investigadores, ha profundizado en la cuestión de si los rasgos personales que ya se perciben en los bebés son estables o si van cambiando a lo largo de la vida influidos por factores medioambientales. Kagan ha logrado demostrar científicamente que el temperamento con el que nacemos es como ese hilo rojo con el que vamos tejiendo toda nuestra vida.

En teoría, existen cientos de temperamentos distintos según el punto de vista y la pregunta que se formule. Para sus estudios, Kagan optó por partir del ejemplo de la impresionabilidad y la reacción a los estímulos. Así, descubrió que alrededor del veinte por ciento de los sujetos a los que había sometido a pruebas de forma continuada de bebés, más tarde, cuando eran niños pequeños y luego en su etapa de adolescentes y adultos jóvenes, eran especialmente sensibles. Este grupo al que denominó reactores (*high reactors*) se distinguía fácilmente del otro al que llamó no reactores (*low reactors*) y al que pertenecía aproximadamente el otro 40 % de las personas a las que había examinado.

Si bien Kagan no utiliza el término alta sensibilidad en su publicación *The Temperamental Thread,* con su estudio a largo plazo sí ha confirmado científica e indirectamente las conclusiones a las que llegó Elaine N. Aron. La incidencia de personas hiperreactivas casi coincide con sus datos de que el 15-20 % de la sociedad pertenece al grupo de personas altamente sensibles. Para Kagan, la «hiperreactividad» es hereditaria, exactamente igual que Aron lo afirma en el caso de la hipersensibilidad. Por cierto, cabe señalar que las personas hiperreactivas mostraron anomalías en la amígdala y el córtex prefrontal en los exámenes cerebro-orgánicos que se llevaron a cabo.

Pese a ello, hasta ahora la ciencia no ha prestado la suficiente atención a este fenómeno. Parece que el enfoque estadístico combinado con la suposición básica de que todas las personas son iguales se ha interpuesto en el camino de la investigación sobre la hipersensibilidad. Visto lo visto, a la ciencia le interesan más los resultados aplicables a todo el mundo, o supuestamente a todo el mundo. Por ejemplo, los estudios sobre fármacos suelen realizarse en hombres pertenecientes a un determinado grupo de edad. Después, los resultados se aplican también a hombres mayores y a mujeres y niños, aunque los dos últimos grupos son hormonalmente muy diferentes. Las cosas se complican cuando en la ecuación introducimos al grupo de personas hipersensibles, pues se ha constatado que, en ellas, dosis mucho más bajas de un medicamento que las prescritas suelen tener el efecto total.

La psicología ha cerrado los ojos

Ni siquiera la psicología ha prestado la debida atención al fenómeno de que hay personas que perciben de forma diferente a las demás. Por tanto, ¿a quién sorprende que los psicoterapeutas muchas veces no hayan servido de ayuda?

EXCEPCIÓN TEMPRANA

Una excepción a ello es Ernst Kretschmer (1888-1964), un profesor de psiquiatría y neurología muy conocido por su teoría de los tipos constitucionales, en la que expone la relación que existe entre los tipos corporales y la posibilidad de padecer determinadas psicosis. Ya en los años veinte del siglo xx, en su obra *Medizinische Psychologie*, describió por primera vez las características de las personas altamente sensibles, que para él eran «individuos que reaccionaban de forma sensible». Aunque, por un lado, destacó su «temperamento extraordinariamente templado, su debilidad y delicada vulnerabilidad», por otro, descubrió un cierto toque de ambición y obstinación, pues en casi todos los casos se trataba de personas seguras de sí mismas. Decía que reprimían fuertemente su vida emocional, que tendían a una refinada introspección, que se mostraban autocríticas y que eran genuinamente altruistas. Las describía como «personas serias, de comportamiento tímido y modesto», y destacaba como sus cualidades «el orgullo y la ambición». Su descubrimiento llevó a conclusiones que hoy deben parecer anticuadas, y es que no hay duda de que llegó demasiado pronto: los rasgos de las personas altamente sensibles estaban muy demandados en la vida laboral de aquella época, en la que se valoraban de forma especial la prudencia, el sentido de la responsabilidad y la concienciación, la modestia y la voluntad de ayudar.

Muchas personas hipersensibles confiesan que, durante sus terapias, los profesionales únicamente se centraban en las consecuencias de su particular forma de percibir los estímulos, como podían ser su timidez, el miedo y la depresión, su menor resistencia al estrés y los síntomas crónicos de enfermedad. En la mayoría de los casos, no se abordaba su forma de percibir las cosas. Por lo general, ni tan siquiera se prestaba atención al hecho de que los propios terapeutas, con sus terapias a menudo inadecuadas para personas hipersensibles, generaban aún mayor depresión y resignación.

Más importante que el estado actual de la psicología es el hecho de que las personas altamente sensibles nos percibimos a nosotras mismas como personas hipersensibles. Por ello, siempre que describo nuestros rasgos en una conferencia, observo que muchas personas hipersensibles del público respiran aliviadas. Se sienten reconocidas y comprendidas, animadas por no estar solas. Se dan cuenta de que también otras personas se sienten a sí mismas y al mundo igual. Constatan que no están locas. El problema era que hasta ahora nadie nos había dicho cómo convivir con nuestra hipersensibilidad sin sufrir.

Hipersensibilidad: ¿Una ventaja o una desventaja en la vida?

La hipersensibilidad es un don. Sin embargo, esto no implica que la persona con ese don también lo vea así y lo utilice constructivamente.

Quienes son más sensibles que los demás pueden experimentar más alegría, felicidad y riqueza interior. La hipersensibilidad también tiene un efecto beneficioso en el éxito externo de una persona. Así, la hipersensibilidad puede llegar a ser una ventaja en todos los ámbitos de la vida, tanto para la propia persona altamente sensible como para quienes la rodean. Pensemos en la jefa de un departamento que sabe bien hasta dónde exigir a cada trabajador. También en ese vendedor que percibe exactamente lo que quiere el cliente; en el ingeniero que intuye en qué dirección avanza un desarrollo tecnológico; en el técnico que cuenta con un don especial para detectar las causas de las averías; en la persona que lleva una galería, que es capaz de percibir el potencial que tienen los artistas para desarrollarse y, enseguida, vincula a los más prometedores a su pinacoteca... También en el deportista de competición hipersensible que sabe con precisión hasta dónde puede forzarse y en qué momento su entrenamiento podría perjudicarlo; en la madre que es capaz de evaluar hasta qué punto ayudar a su hijo y conoce en qué momento su intromisión lo debilitaría y obstaculizaría el desarrollo de su independencia...

Sin embargo, hay personas altamente sensibles que se desentienden de sus propias necesidades porque sienten las de los demás de forma muy intensa. Están las que no se cuidan a sí mismas, siempre se quedan cortas y luego se sienten insatisfechas; las que por evitar todos los conflictos no son capaces de reconocer y defender su propia posición a tiempo, y se limitan a vivir en conflicto con los demás. Existen aquellas que fracasan por su propia exigencia en el trabajo, porque no sólo quieren hacer lo que se les pide, sino que también se exigen mucho más a sí mismas. Las hay que siempre cargan con los problemas de los demás y no son capaces de identificar los suyos; están las que únicamente perciben lo que les molesta y pasan por alto todas las demás posibilidades de la vida.

¿HEMOS DE SER SIEMPRE NOBLES, SERVICIALES Y BUENAS?

En la literatura existente sobre hipersensibilidad, las personas altamente sensibles aparecemos una y otra vez descritas como nobles y dulces. Nunca se hace alusión a nuestros lados más oscuros. Lo cierto es que los adornos y las medias verdades no sirven a nadie, y mucho menos a los afectados. Visto lo visto, las personas hipersensibles sólo tenemos una opción: conformarnos con sufrir más o menos nuestra percepción u optar por aprender a utilizar de forma consciente y constructiva nuestro don.

La hipersensibilidad: Un don para toda la vida

Aunque nosotros sigamos sintiéndonos solos, la hipersensibilidad está más extendida de lo que pensamos: en realidad, el 15-20 % de la población es hipersensible.

Por tanto, las personas altamente sensibles no son en absoluto raras. El hecho de que pasen tan desapercibidas y suelan sentirse aisladas puede deberse a que la mayoría de ellas han aprendido a adaptarse y negar su naturaleza. Las personas hipersensibles llaman la atención cuando su sensibilidad genera malestar en el resto, por ejemplo, cuando se sienten desbordadas y reaccionan de forma desproporcionada. Por el contrario, las personas altamente sensibles que son serviciales y empáticas con los demás siempre son bien acogidas, y apenas sobresalen porque su naturaleza acostumbra a ser reservada y modesta.

Hay quienes sostienen que la hipersensibilidad podría ser una consecuencia de la civilización occidental, pero las personas hipersensibles existen y han existido en todos los pueblos y culturas. En lo que sí puede haber diferencias es en la percepción y el manejo de sus características. En esta línea, podríamos decir que hay culturas que valoran muy en positivo a las personas altamente sensibles, y otras que las presionan sobremanera para que se adapten al resto. En el transcurso de la historia, quizás el peor momento de la hipersensibilidad fue en la época en que, por norma, a todos los jóvenes se les exigía ser «resistentes como el cuero, duros como el acero Krupp y ágiles como los galgos».

La predisposición a la hipersensibilidad no se limita a los humanos, sino que también está presente en el reino animal. De hecho, el que algunos ejemplares sean muy sensibles contribuye muy positivamente a la supervivencia de una manada. Y es que ellos son los primeros en percibir el peligro y avisar a los demás. Incluso en especies aisladas, una proporción de seres altamente sensibles supone una ventaja en lo que a supervivencia se refiere. Las personas hipersensibles no se permiten consumirse en su lucha por conseguir alimentos, sino que se retiran y buscan su salvación eludiendo el peligro. Esta ventaja en términos de supervivencia de las personas altamente sensibles es justo la que en muchos casos ha pasado a ser su gran lastre: su percepción diferenciada y fuera de lo común.

Herencia: Interacción de genes e influencias ambientales

Elaine N. Aron parte de la base de que la hipersensibilidad es hereditaria. Al margen, como factor adicional en el desarrollo de la hipersensibilidad, hace alusión al apoyo que un pequeño recibe al ir descubriendo el mundo. ¿La presencia de sus padres le aporta seguridad cuando da sus primeros pasos? ¿O acaso no encuentra un apoyo fiable? ¿Se le reprime cuando quiere atreverse a ser un poco independiente? ¿Puede suceder que el menor viva asustado?

Pero ¿podría ser que hubiera algo más? Ciertamente, con los genes se hereda también la predisposición, el don de la hipersensibilidad. No obstante, hay otro tipo de herencia. Y ésta es la que determina si la hipersensibilidad se vuelve un problema o beneficia a la persona dotada. Los padres altamente sensibles también transmiten su propia actitud hacia la hipersensibilidad y los problemas que tienen con ella. ¿Son capaces de aceptar dicho rasgo en sí mismos o lo rechazan? ¿Luchan contra la hipersensibilidad de su hijo? O, por el contrario, ¿tienen a sus hijos entre algodones porque ellos mismos han tenido que reprimir ese don? ¿Y cómo es su manejo de la percepción, de sus propios límites? ¿Cómo viven ellos su don?

¿Cuál es realmente la proporción de la herencia biológica? Y ¿qué parte se lleva la socialización? Nunca se podrá dar una respuesta concluyente a esta pregunta. Además, resulta demasiado superficial. De hecho, la epigenética reconoce desde hace tiempo que la clave reside en la interacción entre genes y factores externos. Así, sucede que son las influencias ambientales las que pueden activar o desactivar genes diferentes.

Autoevaluación: ¿Eres hipersensible?

¿Qué afirmaciones son ciertas en tu caso?
- ☐ Ir de compras por la ciudad me resulta más agotador que a otras personas.
- ☐ Las escenas de violencia en el cine o en la televisión me impresionan más que a los demás.
- ☐ La injusticia social me apena tanto como si yo mismo me viera directamente afectado.
- ☐ Es evidente que tengo más miedos que otras personas.
- ☐ Cuando entro en una tienda por primera vez, enseguida me siento abrumado por tantos estímulos nuevos y suelo tardar un poco más que los demás en orientarme.
- ☐ Soy mucho más sensible a los sonidos que otras personas. Los ruidos fuertes casi me causan malestar físico.
- ☐ Viajar me estresa más que a otros.
- ☐ El contacto con otras personas a veces me agota.
- ☐ A menudo, me siento atormentado por pequeñas cosas que otros o yo hemos dicho.
- ☐ A veces tengo la sensación de que oigo lo que otros no dicen.

- ☐ Suelo angustiarme por algo que he hecho o que no he hecho lo suficientemente bien.
- ☐ Percibo con enorme precisión cómo les va a los demás.
- ☐ Habitualmente me siento incomprendido porque percibo más cosas, y diferentes, que los demás. Por este mismo motivo, a veces también me siento muy solo.
- ☐ Prefiero evitar las grandes aglomeraciones.
- ☐ De niño, me afectaba mucho cuando el profesor regañaba a un compañero. Era como si me hubiera regañado a mí, aunque yo no tuviera nada que ver.
- ☐ Cuando a mi alrededor hay conflictos o afloran discusiones, los siento casi físicamente, incluso aunque a mí no me afecte de un modo directo la tensión.
- ☐ Suelen influirme y afectarme los estados de ánimo de los demás.
- ☐ Cuando hay demasiado alboroto, reacciono de forma irritable, con inquietud, estrés o síntomas físicos/emocionales.
- ☐ Necesito mucho retiro y tiempo para mí.
- ☐ Requiero mucha armonía, pues sufro por lo que me rodea.
- ☐ Prefiero evitar las situaciones conflictivas. Cuando se supone que debo mantenerme firme, tiendo a reaccionar apartándome, aunque luego siempre me lo echo en cara.
- ☐ Suelo defender más los derechos y las peticiones de los demás que mis propios intereses.
- ☐ Sé escuchar, soy empático y siempre ayudo a los demás cuando tienen problemas.

El resultado de la autoevaluación

Si has respondido afirmativamente a más de la mitad de los 23 enunciados, es muy probable que seas una persona hipersensible. (A menos que en este momento de tu vida estés atravesando una situación de mucho estrés, ya que en estos casos hay personas que reaccionan como si fueran altamente sensibles).

Haz la prueba y plantéate las siguientes preguntas: «¿Cómo has sido en el pasado? ¿Cómo fuiste durante tu infancia?». Teniendo en cuenta estos interrogantes, vuelve a repasar los enunciados anteriores. Si obtienes el mismo resultado o uno similar con más de 12 respuestas afirmativas, queda confirmada tu hipersensibilidad. Échale también un vistazo a la siguiente autoevaluación para valorar si un niño es altamente sensible.

Test: ¿Tu hijo es hipersensible?

¿Qué afirmaciones son ciertas en el caso de tu hijo?

- ☐ El niño reacciona con fuerza y a la defensiva ante ruidos fuertes.
- ☐ Siempre busca equilibrar las tensiones y crear un ambiente armonioso.
- ☐ Se muestra empático cuando otros están tristes o enfermos. Es muy considerado con los demás.
- ☐ Le gustan los juegos tranquilos. (Cuando se enfada, en ocasiones se vuelve ruidoso).
- ☐ Es capaz de percibir claramente las tensiones entre los padres, aunque no se expresen y se oculten a los hijos.
- ☐ Se siente abrumado o cansado ante el exceso de impresiones. En esos casos, necesita apartarse y descansar.
- ☐ Es capaz de percibir cambios en detalles mínimos.
- ☐ A diferencia de otros niños que disfrutan con las atracciones de las ferias, él las evita.
- ☐ En ocasiones, prefiere jugar solo. Vive intensamente su juego y se queda absorto en él.
- ☐ Se muestra reacio a probar cosas nuevas. Observa durante mucho tiempo desde una distancia segura antes de implicarse, en caso de hacerlo.
- ☐ Al presentarle a otros niños o adultos, se muestra interesado y, al mismo tiempo, algo reservado.
- ☐ No le gustan especialmente los juegos competitivos y no destaca en ellos. No le interesa ganar ni dominar.
- ☐ Desde muy pequeño se exige mucho a sí mismo. Sufre cuando los frutos de sus esfuerzos no alcanzan sus expectativas. En esos momentos puede llegar a enfadarse y gritar.
- ☐ En comparación con otros niños, por lo general es tranquilo y calmado, aunque en algunos momentos excepcionales se sobreexcita y enfada.

☐ Le encantan el equilibrio y la justicia. Comparte con gusto el chocolate y las galletas. Siempre se asegura de que todo el mundo reciba algo. Le afecta mucho que a otros les suceda algo injusto. En esos casos, adopta una actitud valiente y es capaz incluso de salir en defensa de niños mayores.

☐ Suele tener sólo uno o dos compañeros de juego con los que mantiene un contacto intenso. En grupos más grandes, tiende a comportarse de forma reservada o incluso se muestra negativo.

El resultado del test

Si has respondido afirmativamente a más de la mitad, es decir, a ocho, de los enunciados, es probable que tu hijo sea hipersensible. No obstante, recuerda que un resultado siempre puede verse influido por las circunstancias actuales, la relación con el niño, etc. Es importante considerar que, al tratarse de un test general, no se ha tenido en cuenta la edad del niño.

Sensibilidad: Una hipersensibilidad adquirida

La hipersensibilidad es una aptitud y una forma de ser que resulta de la interacción de unos genes con determinados factores sociales que interactúan para crearla. Se manifiesta ya en la infancia y a menudo son las circunstancias de la vida del niño las que la acentúan. Sin embargo, también existe una sensibilidad que surge y se desarrolla a lo largo de la vida. Esta sensibilidad adquirida es lo que aquí llamamos susceptibilidad. Su desencadenante pueden ser acontecimientos traumáticos, enfermedades físicas y la vulnerabilidad por ciertas cargas tóxicas, como los metales pesados o los conservantes de la madera.

Así, una persona con una carga de campo de interferencia, como pudiera ser un foco purulento no detectado, vive hasta cierto punto siempre al límite de su capacidad de resistencia extrema. Su sistema inmunológico está en constante lucha defensiva, y su sistema nervioso, permanentemente en alerta, reacciona de forma exagerada ante cada nuevo desafío. En dicha situación cada estímulo adicional se vuelve una sobrecarga. A menudo, esta irritabilidad es justo la que lleva a buscar alguna causa oculta. Por otro lado, los trastornos de la función tiroidea también pueden llevar a que uno reaccione de forma similar a una persona hipersensible y se sobreexcite enseguida. En estos casos, son muy típicas las fluctuaciones entre la impasibilidad y la agitación desmesurada.

Silke, empleada de un centro de educación familiar en el que imparto conferencias sobre el tema, me habló de una época en la que ella misma podría haber sido considerada hipersensible: «Llegué a desconocerme a mí misma por completo. A la menor perturbación entraba en un estado en el que hubiera sido capaz de cualquier cosa, incluso hacia mi marido y mis hijos. Al instante, sufría por mi actitud y me recriminaba haber actuado así. Ni tan siquiera me soportaba a mí misma. El ruido más insignificante parecía retumbar en mi cabeza, me daba la sensación de que los coches me atravesaban… En ese momento, mi mejor amiga me recomendó un dentista que estaba abierto a métodos alternativos. Y ahí fue cuando se limpiaron los focos y los campos de interferencia, se drenaron las toxinas. Ahora por fin vuelvo a ser yo».

Cualquiera que de repente se sienta extremadamente hipersensible debería consultarlo con su médico y no tener miedo de recurrir a métodos alternativos. A veces la susceptibilidad es debida incluso a una intolerancia o trastorno causado por una medida médica, como podría ser un empaste de amalgama.

No obstante, esta susceptibilidad adquirida también puede ser el resultado de un trauma. Tras una agresión, una violación o un robo, el mundo deja de ser el mismo para la víctima. En esos casos, es comprensible que uno empiece a percibir lo que sucede a su alrededor de manera distinta a como lo percibía antes. Después de un suceso así, entra a vivir en un mundo amenazador en el que piensa que lo que ha sufrido puede repetirse en cualquier momento. En consecuencia, su atención se dirige hacia el exterior para protegerse así de toda nueva posible agresión. Su sistema nervioso adopta una especie de estado de alerta permanente.

La diferencia entre hipersensibilidad y susceptibilidad está principalmente en que la segunda sólo se desarrolla a lo largo de la vida. No se trata de un don ni un rasgo del ser humano, sino de una forma adquirida de reaccionar. Del mismo modo, en el caso de la susceptibilidad, no se aprecian en absoluto las ventajas de una percepción más fina y completa. La susceptibilidad sirve exclusivamente para la defensa y la protección. Otra prueba más de que en ella no hay predisposición está en que la susceptibilidad también puede quedar limitada a situaciones y ámbitos muy concretos de la vida. Por supuesto, la hipersensibilidad de nacimiento y la susceptibilidad adquirida también pueden darse juntas, incrementarse mutuamente y aumentar la irritabilidad y el sufrimiento.

Buscador de emociones fuertes: Ser hipersensible y, a pesar de ello, necesitar un «empujón»

Puede que, al echar un vistazo a los test, te hayas reconocido como hipersensible. O quizá sólo en parte. Eso es justamente lo que le sucede a Michael, uno de mis amigos. Unas veces es muy hipersensible y otras sus sentimientos son diferentes. En un abrir y cerrar de ojos, pasa de ser sensible y reservado a convertirse en todo un aventurero. En esas situaciones su cabeza necesita un cambio y lo que su mujer, también hipersensible, llama el «empujón». (En ocasiones da la sensación de que el tema le preocupa, pero otras se alegra, porque así la vida junto a Michael nunca es aburrida). Si a ti también te sucede eso mismo, quizá perteneces al mismo grupo especial de personas hipersensibles que mi amigo.

Por lo general, toda persona hipersensible tiene que estar siempre buscando el equilibrio entre la sobreestimulación (demasiados estímulos) y la subestimulación (muy pocos estímulos). Este intervalo entre la sobreestimulación y la subestimulación suele ser menor en las personas hipersensibles que en las personas menos sensibles. Sin embargo, para una minoría de ellas, dicho intervalo está muy expuesto a fuertes fluctuaciones. Hablamos de las personas altamente sensibles que al mismo tiempo son buscadoras de emociones fuertes. En su caso, hay épocas en las que sólo toleran unos pocos estímulos y se comportan como hipersensibles de libro, y otras en las que los estímulos que perciben nunca parecen ser lo suficientemente fuertes, y se pasan el día planteándose retos y asumiendo riesgos. Esas veces, les pueden las ansias de luchar y competir, algo completamente atípico en las personas hipersensibles.

Estas personas hipersensibles y, a la vez, buscadoras de emociones fuertes no suelen comprenderse a sí mismas. De hecho, su aparente incoherencia normalmente saca de quicio incluso a su entorno más próximo. Saben que en ellas no se cumple lo de tener una u otra forma de ser. En su afán por autodefinirse, suprimen una de sus dos facetas. Según el momento, se quedan bien con su carácter hipersensible, bien con el más osado, sin acabar de aceptar que en realidad tienen ambos a la vez.

Al igual que la predisposición a la hipersensibilidad es genética, la tendencia a buscar emociones fuertes se transmite asimismo a través de los genes. Digamos que también son hereditarios el don para asumir riesgos y la voluntad de luchar, las ansias de retos y competición, la emoción de poner toda la carne en el asador. Obviamente, estos dones tan dispares se heredan de forma independiente. Por ello, es posible que dos rasgos tan opuestos confluyan en una misma persona, aun cuando parezcan incompatibles.

Es muy habitual que las personas altamente sensibles y buscadoras de emociones fuertes de pronto pasen de «hipersensibles» a «hiperarriesgadas». Convivir con esta dualidad resulta mucho más sencillo cuando la persona consigue que cada uno de estos dos dones sobresalga con más fuerza en un ámbito concreto de su vida.

Autoevaluación: ¿Eres hipersensible y, al mismo tiempo, un buscador de emociones fuertes?

¿Qué enunciados son afirmativos en tu caso?

☐ A veces necesito un empujón. Cuando algo me supera, necesito romper con todo aquello a lo que estoy acostumbrado.

☐ En ocasiones no me conozco a mí mismo. Tan pronto soy una persona muy apocada como que, de repente, me entran muchas ganas de generar un conflicto.

☐ O me muestro muy bueno y manso, o me convierto en un provocador.

☐ Me siento como dos almas opuestas en una sola persona. Y según me dé, rechazo una u otra.

- [ ] En ocasiones, me abruman situaciones que yo mismo domino cuando mi estado de ánimo es otro.
- [ ] Llevo una especie de doble vida. De cara a los demás, soy un tipo guay. Sin embargo, por dentro, me siento un ser extremadamente débil.

Si te reconoces en estos enunciados, es muy posible que tú también pertenezcas a este grupo. Aquí lo determinante es el grado de contradicción que percibas en ti mismo. Ten en cuenta que no suele ser fácil distinguir entre una persona que sólo es altamente sensible y otra hipersensible y, al tiempo, buscadora de emociones fuertes. Son varias las razones para ello.

Por un lado, la mayoría de las personas hipersensibles solemos caracterizarnos por un conflicto interior entre nuestro lado demasiado exigente y nuestro otro lado poco exigente. Así, a menudo no sabemos lo que sí y lo que no somos capaces de hacer. Como consecuencia de ese conflicto interior, unas veces podemos mostrarnos muy sensibles, y otras, muy arriesgados. Normalmente, cuando las personas hipersensibles somos conscientes de que hemos sobrepasado nuestros límites, tendemos a comportarnos de un modo diferente, a menudo opuesto a nuestra propia naturaleza. Es entonces cuando los más reservados se muestran ofensivos, y los más discretos y controladores asumen riesgos. Los que defienden la armonía se vuelven agresivos y pueden llegar a atacar a los demás. (Hablaremos más al respecto en el capítulo dedicado a los límites). Con frecuencia suele darse otra circunstancia que también dificulta la distinción: en situaciones extremas, y para su propia sorpresa, la gran mayoría de las personas hipersensibles se comportan de una forma excesivamente audaz y segura.

Cómo gestionar la combinación hipersensible/muy arriesgado

Sin duda, lo más seguro es canalizar esa búsqueda de emociones fuertes en el deporte. Anna es una persona altamente sensible que participó en uno de mis seminarios, en el que se abrió y nos contó que practicaba un deporte extremo. Todos nos quedamos atónitos al enterarnos de que era corredora de *bobsleigh*, una modalidad de descenso en trineo que le permitía sacar su lado más valiente y satisfacer su necesidad de buscar emociones fuertes. Su afición contrastaba con su profesión de abogada en una empresa comercial, la cual parecía cuadrar más con la hipersensibilidad de Anna.

Por otro lado, hay personas que tienen la suerte de encontrar la profesión o las condiciones profesionales adecuadas para vivir sus contradicciones interiores. Éste es el caso de Bernd, un amigo mío hipersensible, atento, un amante del arte y un padre empático, que sólo logró su verdadero desarrollo profesional al embarcarse en una carrera internacional que lo obligó a llevar a cabo negociaciones de una punta a otra de los distintos continentes casi todas las semanas. Para Bernd, el viajar en jet no resultaba estresante, más bien al contrario, le hacía visiblemente bien. Al tiempo, su hipersensibilidad le ayudaba considerablemente a la hora de sentarse a negociar con sus socios comerciales.

Sin embargo, también existe el buscador de emociones fuertes que no tiene mucho aguante en el trabajo, durante sus vacaciones lleva al extremo sus ganas de riesgo, y luego vuelve enfermo y primero tiene que recuperarse. ¡Su lado altamente sensible se ha apoderado de él sin escrúpulos!

A **Manuela**, una paciente hipersensible, se le presentaban rupturas sorprendentes en su vida. Solía alternar períodos de desempleo o con trabajos poco estimulantes en su pequeña ciudad natal con otras épocas de gran riesgo existencial en las que desempeñaba distintas labores muy atrevidas en países extranjeros muy dispares a los que Manuela solía partir casi espontáneamente. Poco después, los síntomas físicos la obligaban a volver a casa.

La cuestión que surge aquí es si las personas hipersensibles que también son buscadoras de emociones fuertes tienen realmente la voluntad de percibir, respetar y vivir estos dos lados dentro de sí mismas. Por ejemplo, los hombres tienden a pasar por alto y suprimir completamente su lado hipersensible. En estos casos, la enfermedad y el sufrimiento suelen ser las únicas formas que tiene el lado hipersensible de llamar la atención.

Cuando la propia percepción hace daño

La hipersensibilidad es un don para dominar la vida. Gracias a nuestra mayor capacidad de percepción, tenemos más visión de conjunto, estamos más alerta que los demás y podemos escapar antes de peligros inminentes. En definitiva, tenemos ventaja. Padecer alta sensibilidad no es un fenómeno inherente a la naturaleza. ¿Cómo es que algunas personas hipersensibles experimentan su gran cualidad como una carga, mientras que otras sacan provecho y disfrutan de las ventajas de su don?

Solamente quienes han sido capaces de reconocer qué circunstancias acompañantes convierten a un niño o a una niña hipersensible en una persona infeliz, y quienes han logrado comprender cómo ellos, como personas hipersensibles, han contribuido a un desarrollo tan desagradable, están en posición de plantearse preguntas de mayor alcance: ¿cómo se puede evitar? ¿Cómo se puede contrarrestar? ¿Sería posible corregir el don más adelante? ¿Cómo podría gestionarse dicho don para que se tradujera en una mayor felicidad y éxito externo?

Pensemos en una personita hipersensible. Tiene el don de asimilar más estímulos, de percibirlos de forma más fina, más diferenciada y más intensa que los demás. Con este don, posee un tesoro con el que debe aprender a lidiar para convertirlo en una habilidad. Gracias a ello, en el futuro la persona hipersensible puede realizar una valiosa contribución a la sociedad, enriquecer su vida y la de los demás. En realidad, todo suena muy sencillo. Sin embargo, con demasiada frecuencia tiene que escuchar: «¡No seas tan susceptible» o «¡Mira lo que tienes, y vaya con lo que ves y sientes!», «Siempre estás causando problemas». No me confundo al asegurar que las personas hipersensibles hemos escuchado frases así o similares demasiadas veces a lo largo de toda nuestra vida.

«¡NO SEAS TAN SENSIBLE!». Incluso ya de adulto, expresiones como éstas han sido muy frecuentes durante mucho tiempo en mis reuniones familiares y demás encuentros. Y entonces, yo siempre me hacía la misma pregunta: ¿pertenezco realmente a este lugar? Por fortuna, hoy lo afronto de otra manera. He aprendido con quién puedo reunirme y de qué modo, y sé bien hasta qué punto puedo abrirme con cada cual sin dar a la otra persona la oportunidad de hacerme daño. Ahora me cuido. Y mi hipersensibilidad se ha vuelto mi aliada.

Cómo comienza la lucha interior

«¡No seas tan sensible!». No hay afirmación más hiriente para un niño o una niña hipersensible. Es como decirle a una persona de ojos azules que no tenga los ojos azules, que no está bien tener los ojos del color del mar. O como si se explicara a una persona de piel clara u oscura que con esa piel vale menos que otras. En definitiva, se trata de un ataque al núcleo del propio ser. Debido a ello, muchos niños hipersensibles llegan a la conclusión de que su propia percepción debe de ser algo malo. En consecuencia, piensan que, siendo como son, sólo meten la pata y molestan. Y ahí comienza la lucha contra sí mismos. Una batalla campal contra uno mismo. Y es que resulta que no podemos cambiar ni ocultar el color de nuestros ojos o el color de nuestra piel, pero la hipersensibilidad sí que podemos suprimirla. Podemos llegar a pisarla para adaptarnos a lo que está bien para los demás únicamente por pertenecer al grupo, ser aceptados y sentirnos queridos.

Asimismo, las personas hipersensibles dan infinitamente más importancia a lo que los otros dicen, piensan y esperan de ellas. Sienten y perciben más intensamente las actitudes de los demás, sus juicios, sus desvalorizaciones y sus rechazos. Aciertan al intuir los deseos de los otros y saben cómo actuar para quedar bien. Este don del fino sentido puede convertirnos fácilmente en verdaderos maestros de la adaptación. Las personas hipersensibles recuerdan que, en su infancia, adoptaban el color de su interlocutor, en el sentido de que empatizaban y pensaban en la otra persona, e incluso percibían el mundo a través de sus ojos. Y todo como si fuera lo más natural. Simplemente se perdían en el contacto.

Primera etapa: *Ignorar la percepción del propio cuerpo*

Un niño hipersensible no aprende a percibir su cuerpo si éste, con sus sentimientos, sólo le molesta. Sí percibe de forma muy fina cada reacción de los padres, cada irritación, cada incomodidad y cada retirada del contacto, cada duda y cada indicio de rechazo. La percepción sensible puede conllevar la pérdida de aceptación y acogida. De ahí que el refuerzo se vuelva tan importante, incluso más que cualquier palabra, porque da al niño la sensación de pertenecer, de hacerlo «bien», de ser querido. La falta de refuerzo o un refuerzo poco claro dejan al niño solo, sin apoyo e incluso con la sensación de no estar «bien»: de no valer nada.

Y por todo ello, el niño concluye que no está bien prestar atención a su cuerpo y a su sensibilidad. Por amor a sus padres, por seguridad y por la necesidad de pertenecer a un grupo, desde sus primeros años el pequeño sacrifica la percepción de su cuerpo. Como resultado, el propio cuerpo se ve como algo sin valor, como un apéndice molesto del espíritu y del alma, o como una máquina a la que se puede exigir cualquier rendimiento y cuya resistencia hay que vencer o romper.

Esta presión sobre el niño hipersensible se torna aún más pesada cuando entra en contacto con otros niños. El tono en los parques infantiles lo marcan los niños mayores, que son más fuertes y «guais». Y para pertenecer a ellos y participar, no queda otra que seguirles la corriente. El niño hipersensible es capaz de percibir exactamente cómo hay que comportarse. Y le resulta inevitable sucumbir a ese comportamiento con tal de no pasar solo el recreo. Porque también percibe eso: cómo se sienten los niños que son excluidos o acosados, si es que él aún no es ya uno de los marginados.

El cuerpo es completamente ignorado. Deja de darse a conocer de forma constructiva, se le vuelve imposible señalar desequilibrios, necesidades o enfermedades en desarrollo, sobrecargas y los propios límites. Muchas personas hipersensibles llegan a perder su cuerpo como sensor del propio bienestar. La única oportunidad que tiene el cuerpo de hacerse notar es llamando la atención sobre sí mismo con perturbaciones. Y lo hace cuando ya suele ser demasiado tarde para pequeñas correcciones. El cuerpo deja de ser ignorado cuando se vuelve fuente de perturbaciones con síntomas y dolores que no pueden pasarse por alto tan fácilmente. De hecho, muchas historias de enfermedades crónicas empiezan justo ahí.

Segunda etapa: Ignorar las propias observaciones

El niño hipersensible percibe de un modo diferente. Por eso está más expuesto a los dobles mensajes y a la información oculta. Hasta cierto punto, es capaz de leer entre líneas y oír lo que no se dice al mismo tiempo que lo que se dice, que con demasiada frecuencia contradice aquello que no se expresa. El niño suele sentirse desbordado por esta ambigüedad. Es más, hasta los adultos tienen dificultades con el «tanto… como…» de la realidad humana. En nuestro pensamiento occidental de «lógica aristotélica», no están previstas esas situaciones paradójicas según las cuales una cosa es de esta manera o de aquella otra. Jamás se prevén contradicciones.

Sin embargo, el niño hipersensible sí se da cuenta de esta naturaleza contradictoria de las personas y las situaciones. Y no es sólo que rara vez reciba ayuda en forma de explicación por parte de los adultos o encuentre su comprensión. Lo peor es que sus propias observaciones tienden a ser borradas del mapa. Por ejemplo, si se da cuenta de que la querida tía no es en absoluto lo que parece, enseguida se encuentra con la incomprensión y, con frecuencia, hasta llega a ser reprendido por ello. Del mismo modo, los presentimientos del niño siempre se tachan de tonterías. Pero sucede que el niño no sólo percibe con claridad sus propias observaciones, que son complicadas, sino que también capta el pensamiento y las expectativas de los demás. Por eso, se dejará guiar por ellos, descartará sus propias observaciones y dirigirá su percepción aún más hacia el exterior, con lo que se perderá todavía más en el proceso.

En tales situaciones, el niño hipersensible se siente solo en un mundo que es más ambiguo y contradictorio que para los adultos menos sensibles, en un mundo que, como niño, todavía no puede comprender intelectualmente en su complejidad. Así, se siente solo y extraño, como de otro planeta.

El niño aprende que es mejor no confiar en las propias percepciones, valoraciones y evaluaciones. En cambio, el hecho de orientarse por los demás se ve recompensado. A su juicio, sintonizar con personas menos sensibles en lo que a la visión del mundo se refiere le sienta bien. Le transmite la sensación de pertenecer a un grupo y le da seguridad, si bien esta seguridad volverá a desaparecer en cualquier momento en cuanto asome su verdadera naturaleza.

Cuando una persona hipersensible deja de confiar en sus observaciones y valoraciones, se siente aún más inclinada a buscar información en los demás. Y al hacerlo, se encontrará con el extraño fenómeno de que las conclusiones de uno y las valoraciones de los otros también se contradicen. Entonces buscará incluso más información, que tampoco le ayudará. Al contrario, sólo complica aún más su mundo.

No escapa a esta contradicción. Como persona hipersensible que ha perdido la percepción de sí misma, ya no dispone de los instrumentos con los que se podría hacer justicia a situaciones complejas de forma muy sencilla. Ha perdido el contacto con su cuerpo y, por tanto, carece del «instinto» que ayuda, entre otras cosas, a comprobar la coherencia de pensamientos y afirmaciones, a llegar a resultados concretos y a encontrar las respuestas adecuadas.

¿PADRES Y PROFESORES HIPERSENSIBLES COMO APOYO?

Por mucho que hayan sufrido un proceso de adaptación similar, los adultos hipersensibles no son necesariamente una ayuda para un niño hipersensible. A menudo, el niño se encuentra con un entramado muy complicado de pautas de adaptación, valoraciones subjetivas y susceptibilidades que suele parecerse a un ovillo de lana enredado. De este modo, llevarse bien con esos padres o profesores suele ser un reto aún mayor que el objetivo de ser aceptado durante el recreo. (Si tienes hijos, no te pierdas el final de este capítulo ni lo que viene a partir de la página 60 sobre cómo evitar esas cargas, con independencia de que el niño sea hipersensible o no).

Sin la respuesta de su cuerpo, queda a merced de los intereses de los demás. Ahí es cuando se convertirá fácilmente en una víctima manipulada, pues cree más en construcciones mentales extrañas que en sus propios pensamientos e intuición, aunque justo esta intuición es su don especial.

Tercera etapa: Percibirse a sí mismo desde la perspectiva de los demás

Las personas hipersensibles, como maestros de la percepción y la adaptación, también son capaces de percibir la visión del mundo de los demás. Adoptar este punto de vista puede incluso llevar a las personas hipersensibles a ver el mundo a través de los ojos del resto. Viven entonces en construcciones del mundo que les son esencialmente extrañas, y sólo son conscientes de esa extrañeza cuando sus artes de adaptación les fallan. Perciben el mundo desde la perspectiva de los demás porque han perdido el eje que debería ser su cuerpo. Esto las convierte en incorpóreas y borra su pertenencia a un lugar. Las personas hipersensibles que han sacrificado su autopercepción pierden para siempre su propio punto de vista.

Y un paso más allá: muchas personas hipersensibles incluso se ven a sí mismas a través de los ojos del resto. Se evalúan a sí mismas mediante las escalas de valores de su entorno. Y, como personas hipersensibles, suelen salir mal paradas. Cuanto más se han anulado y adaptado, peor. Y es en ese momento cuando se adaptan aún más si cabe para encajar en las escalas de valores de los otros, lo que a su vez provoca en ellas aún más rechazo y aumenta su autodesprecio.

KARIN, profesora de deporte, recuerda: «De niña, la gente con la que estaba me contagiaba. A mi padre le encantaba que, como hija e hija única, fuera un poco como un chico. Por eso me sentía tan bien cuando me comportaba como un niño. Sin embargo, cuando mi abuela venía de visita, recuperaba mi papel de niña y no entendía cómo podía haber llegado a ser tan diferente. Lo hacía porque a ella le gustaba que las niñas jugaran con muñecas. Luego, cuando la abuela se marchaba, la muñeca volvía al rincón más profundo de mi armario. Para mí era dificilísimo cuando mi padre y mi abuela coincidían. Ahí me volvía más y más reservada. Dejaba de saber quién era y luego necesitaba mucho tiempo para encontrarme de nuevo. Después de estar con alguien, necesitaba un margen para reubicarme otra vez».

Aunque las personas hipersensibles tienden a adaptarse, a la larga nunca consiguen hacerlo del todo. Su propio ser las hará sentir incómodas en algún momento, quizás en el menos oportuno. Es ahí cuando, de repente, pierden ese sentido de pertenencia al resto que tanto les ha costado conseguir. Vamos que, para eso, podrían haberse ahorrado tanta lucha. No obstante, para muchos adultos hipersensibles, este desliz sólo conduce a esfuerzos aún mayores por adaptarse y fingir. Y así sucesivamente… Un juego en el que sólo se puede perder. Pero uno no se da cuenta hasta que se encuentra del todo aislado.

Así es como yo mismo me sentía antes. Pero hoy ya entiendo lo que me sucedía: siempre había intentado estar a la altura de los demás, había hecho de todo para sentirme valorado. Pero jamás alcancé el éxito. Básicamente, sólo había logrado quedar segundo en aquella extraña competición. Y eso en el mejor de los casos. Perdía una y otra vez. Y, en el proceso, me había ido volviendo infiel a mí mismo. Más tarde logré ver que había faltado a mis propios valores, que al fin y al cabo aún existían. También ahí era un constante perdedor. Y así me sentía siempre, inútil y en desacuerdo conmigo mismo. Aquello sólo cambió cuando empecé a descubrir tales conexiones.

Resulta que, aunque percibirse a uno mismo desde las perspectivas cambiantes de los demás sea una carga, permite al hipersensible afectado verse con distancia y, por tanto, con más objetividad. Mientras que las personas menos sensibles a menudo tienen que aprender primero a verse a sí mismas desde la perspectiva de los demás, los hipersensibles afectados hemos aprendido que debemos centrarnos y vernos a nosotros mismos y al mundo desde nuestro propio punto de vista. Igualmente, hemos de cuestionarnos a nosotros mismos y reconocer nuestras propias deficiencias.

Con el tiempo, muchas personas hipersensibles constatamos que nos cuesta centrarnos. Entonces, la toma de conciencia suele conducir a un cambio brusco de perspectiva. Hace un momento, la persona hipersensible estaba completamente adaptada, se sentía cómoda para compartir tiempo con otra persona. Veía, percibía, pensaba y valoraba totalmente desde la perspectiva de la otra persona, como si fuera un receptor de radio sintonizado en su emisora. Pero entonces sale de este contacto y, de repente, se cruza consigo misma. Intenta salvarse y trata de fijarse en su propio punto de vista.

En contraste con el punto de vista natural que parte del propio centro del cuerpo, este punto de vista adoptado desde la cabeza suele parecer teórico, dogmático y rígido. Mientras que el punto de vista natural que parte del propio centro está presente y es perceptible para los demás, el punto de vista compensatorio se percibe como brusco y terco. Además, suele llegar tarde y de forma sorprendente, nadie se lo espera. Para el resto, incluso puede parecer un comportamiento «caprichoso». De un día para otro, la persona hipersensible se convierte en una aguafiestas. Sus intentos de adaptarse dejan de valorarse, sólo se aprecia que molesta. Son muchas las personas hipersensibles que se quedan atrapadas en esa actitud de obstinación compensatoria.

Resumen

La hipersensibilidad no es en sí misma la que se hace notar como una molestia. Lo que conduce a nefastas consecuencias es la lucha contra la autopercepción incómoda y la adaptación a los demás.

En primer lugar, se llega a perder la percepción del propio cuerpo. Se desoyen sus necesidades. El cuerpo sólo se percibe cuando molesta. Y entonces es tarde: las necesidades ya sólo pueden hacerse visibles con retraso a través de los síntomas físicos y el dolor. De este modo, llegan a desarrollarse enfermedades que a menudo se cronifican.

En tales circunstancias, en vez de percibir el cuerpo, percibimos otros estímulos. Y esto hace que nos sintamos cada vez más agobiados y debilitados. Dicho sentimiento nos lleva a percibir aún más los estímulos externos «peligrosos», y ahí empezamos a sentirnos todavía infinitamente más agobiados por los estímulos externos, lo que a su vez nos lleva a percibirnos aún menos a nosotros mismos y a sentirnos todavía más débiles…

De tanto desoír al cuerpo y pasar por alto sus señales, dejamos de percibir nuestros límites a tiempo. Reparamos en ellos mucho después, normalmente cuando ya es demasiado tarde. Eso nos lleva a sobreesforzarnos o infraesforzarnos de forma constante según la ocasión. Al estar en contacto con los demás, solemos experimentar conflictos debidos a la falta de sentido de nuestros propios límites (y a menudo de los que nos rodean), y eso es siempre así a menos que acabemos prefiriendo retirarnos de las relaciones.

Al perder la percepción del cuerpo, se pierde también la posibilidad de comprobar la coherencia y pertinencia de la información. Perdemos la intuición para nuestros propios intereses. En consecuencia, nos volvemos más dependientes de las valoraciones y opiniones de los demás. Es ahí cuando nos vemos obligados a absorber y procesar aún más información, y, como resultado, pasamos a percibir incluso menos nuestro cuerpo.

La percepción del cuerpo también va asociada a la pérdida de la propia persona como centro. En cierto sentido, dejamos de estar con nosotros mismos. Ya no nos experimentamos a nosotros mismos ni al mundo que nos rodea desde nuestra propia perspectiva. Uno queda fuera de sí mismo y pierde su punto de vista en el mundo. Como resultado, nos percibimos a nosotros mismos desde el prisma de los demás, nos contemplamos única y exclusivamente a través de sus ojos. Por supuesto, esto va directamente relacionado con nuestra autovaloración: nos juzgamos basándonos en criterios ajenos y diferentes, y además nos empeñamos en amoldarnos a ellos. Es ahí cuando empezamos a librar una batalla por un aprecio que, naturalmente, no podemos ganar.

A partir de entonces, intentamos compensar ese no mirarnos a nosotros mismos desarrollando de forma consciente un punto de vista propio a partir del pensamiento que, a menudo, resulta teórico, erudito, superficial o dogmático. Por eso las personas hipersensibles solemos ser considerados por los demás como obstinadas y «caprichosas».

Circunstancias agravantes en la infancia

¿Qué determina si la predisposición a la hipersensibilidad de un niño superdotado se vuelve una carga o un enriquecimiento en su vida? Sucede que hay personas hipersensibles a las que se les permitió ser como eran desde su nacimiento. De hecho, algunas no sólo fueron siempre aceptadas por su entorno, sino que éste también adquirió un firme compromiso con ellas y veló por su bienestar físico y emocional. Así, nunca tuvieron razón alguna para renunciar o sacrificar su percepción de sí mismos.

Sin embargo, y por desgracia, esto no suele ser lo más común: con frecuencia, el niño hipersensible tiene que adaptarse, por lo que poco a poco va perdiendo la percepción de su cuerpo, de sus límites y de sus necesidades. ¿Qué contribuye a reforzar aún más dicho patrón de percepción? ¿Qué circunstancias actúan sobre los factores hereditarios ya existentes y activan o desactivan genes?

Uno empieza a ignorar el propio cuerpo cuando se adecúa a los demás. Todo el mundo busca sentirse querido y valorado, ser aceptado y pertenecer al grupo. A ello suelen añadirse además otras cuestiones de la vida externas que llevan a dirigir la propia percepción aún más hacia el exterior y a coartar todavía más si cabe la autopercepción. Cada vez que el niño hipersensible experimenta que su entorno le resulta complicado, contradictorio o amenazador, lo que hace es dirigir más y más su conciencia hacia el exterior. Entre estas condiciones externas con que se topa se incluyen la violencia, las agresiones o las fuertes tensiones con quienes están a su alrededor. Y en esas, el niño hipersensible, cuanto más quiere protegerse, más se pierde. Al margen, y para complicar mucho más las cosas, existen perturbaciones en su campo energético. Por ejemplo, los padres «sin límites» son incapaces de delimitarse a sí mismos y tampoco respetan los límites del niño. Algunos progenitores niegan a sus hijos el desapego propio de su edad o se empeñan en acapararlo por completo. Asimismo, la violencia, las agresiones sexuales y otros traumas pueden llegar a provocar alteraciones masivas en el sistema energético del niño.

Adaptación y hostilidad al cuerpo

La vida de los niños hipersensibles se dificulta sobremanera cuando la actitud de los padres va más orientada a la adaptación que al desarrollo y a la responsabilidad personal. En ese contexto, la energía del niño se inhibe una y otra vez para que no destaque y se desvíe de la norma, por muy definida que esté, y en ningún momento se le proporciona una dirección constructiva para su desarrollo. Ahí acostumbra a observarse también una inseguridad pudibunda hacia la sensualidad del niño, que se torna más pronunciada cuando hay hipersensibilidad. Éste es el caso de esos niños que, cuando se sienten a gusto con su cuerpo, se encuentran con miradas irritadas de los padres o experimenta una ruptura del contacto visual.

Solos ante el peligro

En aquellas familias en las que la violencia, el alcoholismo y los abusos sexuales y emocionales son la nota dominante, el niño tiene que protegerse. Ya hemos visto que el punto fuerte de un niño hipersensible es su fina percepción. Así, la dirigirá hacia el exterior para escapar a tiempo de la violencia, equilibrar las tensiones y apaciguar o proteger a otros miembros de la familia. Por si fuera poco, tratará de ayudar al progenitor con más dificultades emocionales, de quien dependen también su propio bien y su propio mal. De este modo, se convertirá en un auténtico maestro en la percepción de las condiciones de los demás.

El trauma por la violencia y la agresión sexual no hace sino reforzar ese patrón de percepción mediante el desarrollo adicional de una sensibilidad y los correspondientes cambios personales. Generalmente, existe una perturbación energética persistente asociada al trauma. Y en tales casos, los mecanismos de protección energética a nivel del aura y de los chakras reaccionan demasiado poco o actúan de forma constante y con demasiada fuerza.

Falta de límites, normas poco claras y mensajes con doble sentido

Esa idea de que la violencia intrafamiliar representa un fenómeno lamentable que se limita a los grupos sociales marginados no se corresponde en absoluto con la realidad. Y aún más errónea es la suposición de que la violencia no se da entre personas hipersensibles. De hecho, precisamente los padres hipersensibles corren un mayor riesgo de perder el control y llegar a ser más que físicos, porque a menudo no se perciben a sí mismos y, por tanto, se dan cuenta demasiado tarde de que hace tiempo que han sobrepasado sus límites. Aunque un niño tenga que soportar semejante ira sólo una, dos o tres veces, pierde su seguridad en el trato con esa persona y quizás incluso en la relación con otra gente. De poco sirve que el progenitor violento se comporte después con dulzura, pues el peligro de que la situación se repita se torna aún más grande.

UTA, un paciente de sesenta y tres años, recuerda: «Mi padre era la persona más amable que se pueda imaginar. Pero, de vez en cuando, en un momento, destruía la confianza que volvía a depositar en él poco a poco. Entonces se ponía violento, me tiraba del pelo o me empujaba al suelo. En aquel instante, me costaba darme cuenta de que él también sufría. Aquello complicaba aún más las cosas. En esos momentos, me compadecía de él y sentía que incluso tenía que ser yo el que lo consolara. Y me esforzaba por ocultarle lo mucho que a mí también me había dolido su ira».

Los límites poco claros o inexistentes entre padres e hijos generan un estrés permanente en la familia. De igual modo, los límites fijados de forma artificial que no pueden ser respetados por la persona que los ha establecido son los que más acaparan la atención del niño. Lo mismo ocurre con las normas y los permisos poco claros. La incertidumbre sobre lo que el niño tiene permitido hacer y lo que no tan sólo enreda aún más la atención del niño.

LOS MENSAJES CON DOBLE SENTIDO también estuvieron presentes en mi infancia. Como niño hipersensible y muy comprensivo, lo cierto es que se me permitía todo porque mis padres, ambos también hipersensibles, no querían limitarme más. Sin embargo, tampoco se alegraban cuando yo reivindicaba este ámbito amplio y no claramente limitado. Por ejemplo, cuando me apetecía dar un paseo en bicicleta, se mostraban ansiosos, preocupados o de repente les surgían las dudas. Me permitían hacer de todo y, al final, nada. Así que acababa prefiriendo quedarme en casa. Y luego me reprochaban que anduviera siempre solo y me animaban a hacer algo como los demás chicos, como un paseo en bicicleta.

Por mensajes con doble sentido, me refiero a exigencias contradictorias o instrucciones de cómo actuar que no pueden cumplirse. Cuando uno cumple una parte del mensaje, al mismo tiempo incumple la otra, y este dilema crea un estrés permanente. Cuanto más sabe leer entre líneas una persona hipersensible, más capaz es de detectar y sucumbir a los mensajes con doble sentido. Un niño menos consciente de sí mismo y de sus necesidades que de las preocupaciones, los problemas y los enredos internos de sus padres asume más los mensajes con doble sentido que otros niños. Y como, siendo niño, no es capaz de hallar la solución dentro de sí mismo, dirige su atención aún más hacia el exterior, y normalmente sólo vuelve a descubrir mensajes con doble sentido en lugar de una orientación clara. A menudo son incluso los padres hipersensibles los que envían mensajes con doble sentido, ya que suelen estar menos centrados en sí mismos y ser más indecisos por sus propias exigencias.

ALINA, una profesora hipersensible (53): «De niña, tenía muchas ganas de tocar el piano, pero mi madre tardó demasiado tiempo en acceder a mi deseo de recibir clases de piano. Sin embargo, al mismo tiempo repetía una y otra vez que todos los niños tenían que aprender un instrumento y me lo exigía, como si yo me hubiera opuesto a ello alguna vez, aunque era yo misma la que me moría de ganas de hacerlo. Aunque me encantaba el piano, me presionaba tanto que pronto perdí las ganas de tocar y me volví rebelde. Cuando tocaba, a veces se ponía triste. Una vez incluso llegó a llorar. Luego volvía a decir lo contenta que estaba de que yo tocara el piano, pues ella misma nunca logró llegar a ser una buena pianista. Había empezado muy tarde, y sus padres no tenían dinero para algo así, por mucho talento que hubiera tenido. Yo tampoco conseguí nada con el piano. Me quedé estancada en el mismo nivel que mi madre».

Enredos sistémicos

¿Quién podría verse más fácilmente atrapado en los enredos sistémicos de una familia que un niño hipersensible? Mientras que un niño menos sensible percibe menos los desequilibrios, las injusticias y los problemas ocultos porque está más centrado en sí mismo, un niño hipersensible siente de una manera más intensa el efecto de todo esto. Por costumbre, para él el equilibrio es más importante que su propio bienestar. De ahí que intente incansablemente sanar esos enredos, un esfuerzo que puede ser por decisión propia o «algo natural».

La compensación en el sistema familiar suele ir asociada a la asunción del papel de víctima y marginado. El niño hipersensible es quien acepta el papel de perdedor y marginado: siente que no puede tener éxito o que no es digno de pertenecer a la familia. Y los miembros de la familia, en lugar de agradecérselo, incluso lo desprecian, infravaloran y excluyen.

El abuso del alma y la apropiación

Desde una edad muy temprana, los niños hipersensibles son capaces de percibir cómo está la otra persona. Captan su estado, sus carencias y necesidades. Y a menudo sufren por ello. Su comprensión los convierte en fáciles víctimas de padres que sufren por sus circunstancias vitales. A modo de ejemplo, un adulto agobiado puede encontrar alivio a través de un niño hipersensible. Y es que resulta más sencillo quejarse y hablar del propio desastre que cambiar una situación de forma constructiva. Esa descarga estabiliza el malestar interior, pero a menudo lo hace a expensas del niño dispuesto e hipersensible, que se ve degradado a ser un cubo de basura del alma, un «buen amigo» o incluso un sustituto de la pareja.

Para un niño hipersensible suele resultar halagador el hecho de que abusen de su alma. Es entonces cuando puede desarrollar su don, por fin se siente valorado y afirmado. En comparación con otro hermano menos sensible, ve que la suya es una posición de confianza. Pero el precio que paga por ello es muy alto: el niño maltratado se aleja de sus hermanos y compañeros. Carece de esa despreocupación que hace falta para disfrutar de los juegos infantiles. Lleva la carga de los problemas que se le han confiado y es incapaz de encontrar alivio. ¿Con quién desahogarse? Desde luego, no con el progenitor maltratador.

Aquellos padres que no dominan su propia vida dejan el trabajo a sus hijos. Y justo los niños hipersensibles tienden a aceptar de muy buen agrado esta herencia. En muchas otras ocasiones, se produce un extraño intercambio: en lugar de ocuparse de sus propios asuntos, muchos padres hacen literalmente suyos los asuntos de sus hijos.

Cada sacrificio innecesario e indeseado de los padres (de su propio desarrollo, de sus propias necesidades) es una hipoteca para sus hijos. Y comúnmente los hijos pagan después muy caro los aparentes favores que ellos nunca pidieron. Las personas hipersensibles reconocen más que nadie el sacrificio que se ha hecho por ellas y suelen percibir las expectativas ocultas de quien lo ha hecho.

De la misma manera, las «mamás gallinas», desmesuradamente acaparadoras y sobreprotectoras, suponen una pesada carga para los niños hipersensibles. Quieren salvaguardar tanto a su hijo de los contratiempos de la vida que, al final, sólo consiguen aferrarse a él y dificultar su desarrollo. Todo intento de liberación por parte del niño implica herir emocionalmente a la madre, que también suele ser hipersensible. Por todo ello, se vuelve evidente que una persona hipersensible no sólo arrastra las hipotecas de su infancia, sino también la carga de esa liberación que tanto necesita pero que, al tiempo, la hace sentir culpable.

Resumen

Estrés permanente desde la infancia consecuencia de un clima de violencia y agresiones latentes; sobrecarga constante por intentar cumplir con tareas irresolubles y obedecer mensajes con doble sentido; inseguridad debida a límites, normas y responsabilidades difusas; enredos y apropiaciones sistémicas… Todas éstas suelen ser las circunstancias sociales más relevantes que marcan la infancia de las personas hipersensibles y las llevan a dirigir su percepción aún más hacia el exterior de lo que ya suelen hacer por mera adaptación a los menos sensibles.

Según la epigenética, la alteración en el estado hormonal durante la infancia a causa del estrés permanente podría ser lo que activa o desactiva el factor hereditario y acentúa la naturaleza de muchas personas hipersensibles.

Hipersensibles felices

A lo largo de mi trayectoria he conocido a personas altamente sensibles que no han experimentado ninguna dificultad para vivir con su don. Desde siempre, supieron desarrollarlo por su propio bien y por el de los demás. Su percepción, su cuerpo y sus límites fueron respetados durante su infancia. Así, con el tiempo, han logrado ser seres centrados y conscientes de sí mismos y de sus necesidades. ¿Qué es lo que ha contribuido a su desarrollo? Por norma general, he observado los siguientes factores:

Para empezar, resulta ventajoso cuando los padres no se ven a sí mismos como creadores autocráticos de sus propios hijos, a los que luego llegan a agobiar y sobrecargar con sus ambiciones, y, por el contrario, admiten que sus retoños son criaturas con su propio ser, que deben ser respetadas y tienen sus propias tareas en la vida y su propio proyecto de vida.

Estas personas solían proceder, ¡pero no sólo!, de familias educadas o de clase alta. En todos los casos quedaba claro que los padres no cumplían completamente su papel de padre o madre, sino que le daban gran importancia a seguir siendo hombre o mujer y a desarrollarse como tal. Justo por eso, los niños no se sentían tan agobiados.

No es para nada inusual que los hijos de pequeños o medianos empleados y funcionarios se críen con grandes sacrificios. En estas familias, la crianza suele orientarse a adaptarse, a esforzarse por conseguir algo, con el fin de que los hijos «puedan tenerlo mejor algún día». Sin embargo, en los círculos sociales más altos, hacen falta muchos menos sacrificios por los hijos, y de ahí que los niños estén menos agobiados. En una situación ideal, la educación se centra en el desarrollo y la ampliación gradual de los límites, y la asunción de responsabilidades. Los niños viven en su mundo, y los adultos, en el suyo. El respeto mutuo crea distancia.

La mayor parte de personas hipersensibles felices a las que he conocido procedían de Francia o Inglaterra, algo que siempre he achacado a la especial carga histórica de los alemanes, pues desde épocas inmemoriales sistemáticamente hemos suprimido nuestra sensibilidad; basta pensar en el Imperio, en el Tercer Reich y en las múltiples guerras que hemos vivido. En tiempos de conflicto armado, expulsión, cautiverio, penurias y reconstrucción, eran otras las cualidades que se demandaban. Además, en Alemania existe una especial inseguridad en la imagen del hombre, la cual paralelamente conduce a una inseguridad en la imagen de la mujer. La masculinidad ha caído en descrédito debido a las guerras ofensivas y al nazismo, y desde entonces no ha podido desarrollarse una imagen constructiva y vivible de la masculinidad. Así, cuando la masculinidad se cuestiona de esta manera, ¿acaso puede un hombre permitirse ser hipersensible?

Del mismo modo, e incluso tanto tiempo después de la guerra, muchas mujeres alemanas parecen seguir marcadas por la imagen de esa generación de 'mujeres de los escombros' o *Trümmerfrauen*, a las que no quedaba nada más que ser fuertes y sustituir a los hombres. La hipersensibilidad tampoco puede florecer en ellas, tan sólo la dejan ver en algunas de esas actitudes que no son capaces de reprimir, como la de la madre que se preocupa por todos.

En esas familias en las que a los padres no se les deja ser hombres y no se les respeta como tales, y en las que las madres ya no se permiten ser mujeres, nunca jamás puede existir una atmósfera de respeto mutuo entre los progenitores, que sería la condición previa para que la hipersensibilidad floreciera en sus descendientes. (Más adelante nos ocuparemos de los requisitos especiales de los hombres y de las mujeres hipersensibles).

Consecuencias para los padres de niños hipersensibles

Los padres transmiten a sus hijos mucho más que sus genes: sus problemas no resueltos o la conciencia y el manejo constructivo de los retos que han ido asumiendo a lo largo de su vida. A partir de dicha conciencia, educan a su descendencia, que se convierte así en heredera bien de la claridad adquirida, bien de los viejos problemas y bloqueos enredados. No hay duda de que su propio despliegue y el desarrollo de la conciencia es lo mejor que los padres pueden dar a sus hijos, pues sólo cuando lo tienen los hijos son libres de seguir su propio camino.

Se necesita valor: Hombres hipersensibles

Por lo general, la hipersensibilidad suele ir más asociada a nuestra idea de feminidad. Así, es mayor el número de mujeres con este don. Aun así, una de cada dos personas hipersensibles es varón. El hombre o el niño hipersensible se da cuenta desde muy pronto de que su delicada percepción de las necesidades y sensaciones físicas, de las «susceptibilidades» en general, tiende a desagradar a los demás. ¿Cómo reaccionaría la madre? ¿Y el padre? De forma habitual, el hipersensible percibe con exagerada precisión cada irritación, incomodidad y pérdida de contacto por parte de sus progenitores. De este modo, la percepción sensible suele traducirse en una pérdida de aceptación.

Precisamente por esta razón, para jugar con otros chicos y sentirse parte de un grupo, la gran mayoría de los hipersensibles varones fingen ser tipos fuertes. Con frecuencia, adaptan su hipersensibilidad para garantizarse ser tolerados, pues tratan de evitar con todas sus fuerzas convertirse en el blanco del resto. Para que se les permita jugar con otros chicos y pertenecer al grupo, muchos chicos hipersensibles se adaptan a los tipos fuertes. A menudo, toda la hipersensibilidad la usan para ser tolerados, no para convertirse en un blanco. Pese a que son los guais quienes los excluyen y menosprecian, los hipersensibles se esfuerzan en identificarse con ellos, a cuyo grupo les encantaría pertenecer.

Carecemos de un modelo que aúne masculinidad e hipersensibilidad

A estas alturas, aún nos falta una imagen aceptable del hombre. Por supuesto, dicha carencia es especialmente notoria en Alemania como consecuencia del militarismo y de las dos guerras mundiales perdidas. Además, es evidente que en la educación dominan claramente las mujeres. Pensemos en los años de colegio, en los que, a menudo, los chicos no reciben una imagen realista de cómo pueden vivir su masculinidad de forma constructiva. En esas, son los medios de comunicación los que llenan semejante con imágenes de Rambo y otras máquinas de lucha despiadadas.

Si, de por sí, no tenemos una imagen aceptable y realista del hombre, menos aún contamos con una del hombre hipersensible. Echamos en falta un modelo constructivo que nos indique cómo ser hombre e hipersensible a la vez. En semejante contexto, los afectados dependen sólo de ellos mismos. Y cuando se trata de hijos de padres hipersensibles, lo que hacen es copiar únicamente una o dos actitudes que admiren de ellos, pero, sobre todo, lo que hacen es aprender a desdeñar su hipersensibilidad.

Sabemos que tan sólo nuestro pensamiento es capaz de construir los opuestos. Es decir, aquellas cualidades que se consideran opuestas pueden existir juntas en una realidad paradójica y no tienen por qué excluirse mutuamente. Así, es nuestra cabeza la que imagina que uno es o lo uno o lo otro, u hombre o sensible. De esta manera, visualizamos al blandengue hipersensible o al cachas. Por tanto, no es de extrañar que esta forma de pensar contribuya a que los chicos hipersensibles se decidan en contra de su don. Tienden a albergar la esperanza de que, si logran suprimir su capacidad de percepción y sacrificar su sensibilidad, serán recompensados con una mayor masculinidad.

Sin embargo, pocos saben que la masculinidad puede ser una muy buena base para la hipersensibilidad: y es que únicamente quien es fuerte y sabe imponerse puede permitirse una percepción exquisita. La fuerza que se ejerce con una percepción diferenciada es capaz de conseguir mucho más.

A continuación, veremos algunos ejemplos reales que ilustran las distintas formas en que la hipersensibilidad puede desempeñar un papel central en la vida de los hombres, ya sea negativa o positivamente.

EL ASPECTO DE **HENDRIK:** delgado y enjuto, más bien pequeño. Como jefe de la administración de un hospital, Hendrik emplea su hipersensibilidad para imponerse, asegurar y ampliar su influencia. Más astuto que los demás, es capaz de reconocer enseguida sus puntos débiles. Inmediatamente percibe quién tiene el poder y en qué dirección sopla el viento. De manera habitual, gestiona su propio estrés y ansiedad de tal forma que él mismo es quien propaga el estrés y presiona a los demás. Hasta ahora, en su posición, siempre ha conseguido encontrar a alguien más débil a quien utilizar como pararrayos.

Un buen día, **MARTIN**, un niño hipersensible, se dio cuenta de que su madre era capaz de controlarlo con sus sentimientos. Bastaba una mirada triste por parte de ella para que Martin de volviera débil. En un momento dado, el pequeño decidió no dejar que los sentimientos de su madre le afectaran más. Al fin y al cabo, él quería ser un niño. Y era un niño muy bueno, lo que menos quería era entristecer a su madre y darle motivos para llorar. Le fascinaba la tecnología, destinaba su gran sensibilidad para llevar a cabo complejas manualidades y mostraba una especial habilidad a la hora de detectar defectos técnicos. De mayor, Martin se convirtió en un entusiasta y exitoso ingeniero eléctrico. En esa época, conoció a una mujer de la que se enamoró. Poco después se casaron y fueron padres de dos hijos. Él era constante en sus sentimientos, un marido desinteresado y preocupado por los deseos de ella, los cuales siempre leía en sus ojos. Sin embargo, a ella enseguida empezó a faltarle algo en él y no titubeaba a la hora de llamarlo «idiota». Por su parte, Martin procuraba complacerla cada vez aún más, intentaba ser un marido y un padre aún mejor, pero nada pudo evitar que ella acabara marchándose y dejándolo con los niños. Martin no entendía nada. Entretanto, seguía cosechando tantos éxitos profesionales que lo ascendieron a jefe de departamento. Y a partir de ahí empezaron también sus problemas laborales. Martin se empeñaba en hacer todo el trabajo porque era incapaz de delegar. Por ello, los empleados y compañeros empezaron a aprovecharse de él, pues tenía demasiada buena fe y era excesivamente bueno. Al final, es víctima de una trampa y acaba perdiendo su trabajo.

De pequeño, **JENS**, que ahora estudia Matemáticas, recibió demasiada protección por parte de su madre, que también era hipersensible y se aferraba en exceso a él. Así, desde muy niño fue el blanco de la persecución de los otros niños. Y sin pretenderlo, fue buscando cada vez más y más la cercanía de su madre, lo que, a su vez, lo distanció aún más de sus compañeros. Su padre intentaba contrarrestar la influencia de la madre, pero sus excesivos intentos desembocaron en una derrota aún mayor para Jens. A día de hoy, aún no ha logrado escapar de la influencia de su progenitora. Sigue intentando liberarse de ella, pero no sabe cómo; ve que sus intentos le hacen daño y no puede evitar sentirse culpable por ello. Trata de establecer contacto con otras personas y procura hacerse el simpático. No obstante, todo es inútil, pues los de fuera lo rechazan una y otra vez.

GERHARD procede de una familia acomodada y bien educada. Él y sus dos hermanos gozaban de su libertad; había límites claros, normas claras y avisos claros. Ante todo primaban el respeto a los padres, a los hermanos y a los demás miembros de la familia; la cortesía y el buen mantenimiento de las formas. Tal vez el ambiente era más cálido en otras familias, pero la estima que tenía cada niño era siempre constante, incluso cuando se produjo la separación de los padres. Sus hermanos también eran hipersensibles. Con el paso de los años, a todos siempre se les permitió seguir su propio camino. Así, a día de hoy, uno es un afamado músico, el otro es físico, y Gerhard se ha hecho cargo de la empresa familiar, la cual ha sabido llevar durante épocas de crisis con mucho sentido y prudencia. Además, colecciona arte y participa en una organización benéfica. Su hipersensibilidad y su espíritu independiente hacen de él un interlocutor muy valorado y una pareja y un padre cariñoso.

Siempre en la sombra: Mujeres hipersensibles

Siempre se ha dicho que las niñas son más hipersensibles que los niños. Por tanto, es más posible que las mujeres conserven el don de la hipersensibilidad y lo desarrollen. Según el reparto tradicional de roles, las mujeres con frecuencia son valoradas cuando empatizan con el prójimo, y se adaptan y satisfacen las necesidades del otro con esmero y energía. De ahí, que las mujeres hipersensibles no suelan destacar en absoluto.

Quizá sea precisamente ahí donde radique el problema: la hipersensibilidad es bien vista cuando tiene un efecto favorable en los demás, ya sea en la familia o en el público en general. Es la confirmación interna y externa de dicha atención la que refuerza el patrón de adaptación descrito antes. En ese sentido, el papel femenino tradicional aparece entonces inicialmente como una exageración ideológica de la hipersensibilidad y adaptación a los demás, que casi siempre se paga con la pérdida de la propia percepción de su propio cuerpo. Al principio, una mujer hipersensible encaja muy bien en este papel. Después, a menudo sucede que deja de sentirse ella misma, no puede cuidar de su persona, se sobrecarga y sobrepasa una y otra vez sus propios límites y, regularmente, y sin querer, también los de los demás.

Por contradictorio que parezca, al mismo tiempo, son mujeres hipersensibles que pueden sentir con especial intensidad que se quedan cortas y que los demás siempre las dejan atrás. De ahí que no quieran quedarse estancadas en la amargura, por lo que lo normal es que en algún momento se enfrenten a su propio ser. Hay parejas que se sorprenden por completo cuando se enteran de que su mujer es hipersensible. «Todas las mujeres son así», piensa por lo general el hombre, y lo niega. Sobre todo, los hombres no quieren que su mujer cambie su forma de ser, pues les hace la vida más cómoda a él, a la familia y a todos los demás. Al principio…

El precio del autosacrificio

Normalmente, las mujeres hipersensibles sólo se hacen notar cuando su hipersensibilidad molesta al resto, al dejar salir a la superficie su lado más negativo: irritabilidad, susceptibilidades, síntomas, enfermedades, mal humor, amargura y, a menudo, también determinados caprichos. Estos trastornos no son sino el precio tardío por intentar complacer siempre a los demás. Y los pagan tanto las propias mujeres como los demás, que, de pronto, tienen que soportar todo lo enumerado. Lamentablemente, la imagen que mucha gente tiene de las personas hipersensibles está conformada en gran parte por estos acontecimientos desfavorables que acabamos de ver.

Pese a todo, son muchas mujeres hipersensibles las que también se resisten a cambiar su antiguo patrón y a asumir la responsabilidad personal tanto de sí mismas como de su bienestar. Al fin y al cabo, uno se acaba identificando siempre con todas las nobles proezas de su propia incapacidad, esto es, con valores tan destacados como el altruismo, la servicialidad y la disposición al sacrificio.

Por si fuera poco, estas proezas mentales de altruismo deficiente llegan a ser incluso superadas por la imagen de la madre que se sacrifica por todos. El autosacrificio siempre implica traspasar límites: los propios límites en el compromiso desinteresado y los límites de aquellos por los que uno se sacrifica, lo quieran o no.

Las mujeres que se identifican con el autosacrificio se ignoran a sí mismas, pasan por alto sus propias necesidades y, en su lugar, acaparan por completo al otro, asumen sus sensibilidades y necesidades, las hacen suyas. Así, estas féminas dejan de sentirse a sí mismas, y pasan a sentir al otro como si fueran él. Y el otro, al que han acaparado de semejante modo, debe comportarse como ellas se comportarían y esperan que se comporte. De esta forma, se pierde en sí mismo, y se queda atrapado en el conflicto entre simbiosis y apropiación cuando no logra escapar de él. De esta manera, el conflicto externo que se crea con la víctima de las intrusiones bienintencionadas queda instaurado desde el principio.

En estos casos, la mujer se sacrifica ahora de una forma muy noble y exaltada, pero lo pagará más tarde. Y más adelante, cuando se dé cuenta de que no está satisfecha, exigirá una compensación por todos los sacrificios que, además, a menudo, sólo han supuesto una carga para la otra persona.

Muchas mujeres hipersensibles afirman que pueden ser fuertes, pero siempre para los demás. Parecen seguras de sí mismas y estables, dan la cara por el resto, apoyan a los demás de palabra y de obra, y alcanzan el máximo rendimiento en sus profesiones. Sin embargo, esta férrea fortaleza tiende a abandonarlas cuando se trata de sus propias preocupaciones. A menudo, nadie sospecha que necesitan ayuda, por ejemplo, cuando una vez más sobrepasan sus propios límites. Se sienten tan identificadas con el valor de la buena disposición hacia los demás, que a menudo son incapaces de pedir ayuda por sí mismas. Es entonces cuando suelen caer en un agujero y nunca hay nadie que las coja o las ayude a salir de nuevo.

Más raras, pero mucho más espectaculares, son esas mujeres que están como al dictamen de sus propias necesidades y sensibilidades, y a menudo son capaces de dominar a familias enteras con las idas y venidas de su propia sensibilidad. Con los años, han aprendido a utilizar la debilidad y la sensibilidad para hacer valer sus necesidades. En estos casos, queda por saber si son realmente hipersensibles o si tan sólo han desarrollado esta sensibilidad como un patrón de éxito. Ni que decir tiene que su juego con los demás sólo funciona mientras el resto coopere voluntariamente.

> **MONIKA** está divorciada y tiene un hijo de catorce años. Como esposa, estuvo completamente entregada al cuidado de su marido. Por eso, cuando se dio cuenta de que se había perdido a sí misma y había desoído sus necesidades, se divorció de él. Ahora no valora en absoluto a su marido y lo culpa del fracaso del matrimonio. Monika considera a los hombres insensibles, mientras que ella se identifica con la hipersensibilidad. No puede evitarlo y, cuando su hijo tiene contacto con su padre, ella sufre. Hoy vive por y para el cuidado de su hijo, que desde su divorcio ha desarrollado problemas de salud: Inflamación de las articulaciones de la rodilla y frecuentes lesiones deportivas. No es capaz de ver ninguna relación entre los síntomas de su hijo, sus cuidados posesivos hacia él y su rechazo hacia todo lo masculino.

Entre la presión para adaptarse y la idealización: Niños hipersensibles

Los niños hipersensibles son muy buenos observadores. Desde muy pequeños, absorben todas las cosas y los fenómenos de su entorno. Les gusta más cuando no están expuestos a grandes cambios, cuando todo permanece invariable. Incluso de bebés, no hay que preocuparse por adornar su cuna con todo tipo de adornos y móviles, ellos sólo quieren fiabilidad y coherencia. Enseguida se irritan. Y cuando lo hacen, da igual lo que se haga por tratar de calmarlos, únicamente se conseguirá con la presencia apreciable y sensual de una madre calmada ella misma y capaz de irradiar calma.

Mientras que los adultos persiguen un cambio de aires y aspiran a encontrar distintos estímulos que los ayuden a relajarse en sus viajes cuando se van de vacaciones, los niños hipersensibles precisan de rutinas. De ahí que la atmósfera extraña con que se encuentran fuera de su hogar les suponga un gran reto. Por eso en estos viajes, cuando todo empieza a superarlos, pueden perturbar de forma permanente el descanso de sus padres. Digamos que sólo se sienten cómodos cuando vuelven a esa misma granja o casa de vacaciones en la que ya han estado dos o tres veces antes.

Por norma, los niños hipersensibles necesitan bastante tiempo para acostumbrarse a las nuevas circunstancias. Da igual que se trate de nuevos juegos o deportes, a menudo dudan hasta que, finalmente, se deciden, o no, a participar.

THORBEN, que no es hipersensible, relata durante mi conferencia sobre niños hipersensibles los diez días de vacaciones que pasó con su hijo de tres años en la playa: todos sus intentos de animar a su hijo hipersensible a bañarse en el mar fueron en vano. A Jacobo le interesaban claramente el agua y las olas, pero se mantenía alejado de ellas y prefería jugar en la arena seca. El último día, por fin, llegó el momento: tras haber observado durante días la situación, el pequeño debió de sentir que tenía más o menos controlados los posibles peligros de caminar por el agua, y empezó a disfrutar y a jugar en las aguas poco profundas. Visto en retrospectiva, el padre se sentía orgulloso también de no haber sucumbido a la tentación de traspasar los límites de su hijo mediante la manipulación o incluso de romperlos mediante la fuerza: ¡Jacobo había conquistado él mismo el fascinante mundo del mar!

Por un lado, los niños hipersensibles tienen muy buena fe, y, por otro, no se les puede engañar. Es decir, no se les puede representar un mundo ideal, pues sufren las tensiones ocultas tanto como los conflictos abiertos. Por tanto, los padres se enfrentan al reto de afrontar las dificultades en su relación con sinceridad y respeto mutuo, y de desarrollar una cultura del conflicto. Es importante no pasar por alto que los propios niños y, con ellos, sus límites y territorios necesitan respeto.

ILONA, que había asistido a una conferencia sobre niños hipersensibles, me contó más tarde la siguiente historia: su hijo hipersensible de siete años se había quemado los dedos con una vela. Inmediatamente ella se levantó y fue a buscar una pomada para quemaduras para aplicársela a Nils. Pero el niño no quería eso. En el pasado, ella hubiera intentado imponerse, lo que a menudo daba lugar a discusiones y lágrimas. Sin embargo, en esa ocasión, se acordó de mi conferencia y, sobre todo, del fragmento en el que decía que a menudo son los padres con buenas intenciones los que no sólo traspasan los límites de sus hijos, sino que literalmente invaden el territorio del niño con intrusiones masivas: «¡Así que tiré del freno de emergencia!». De entrada le ofreció a su hijo la pomada para las quemaduras, que él rechazó con una mirada escéptica. A continuación, le sugirió que probara primero la pomada para quemaduras en un dedo que no estuviera quemado. El niño a eso sí accedió. Cuando Nils se convenció de que la pomada no era perjudicial, permitió que Ilona se la aplicara en el dedo quemado, quizá también como favor a su madre. (La cuestión de si la pomada para quemaduras es «eficaz» en un caso así o si su uso fue innecesario y excesivo no viene a cuento aquí).

Percepción y experiencia sensual

El factor decisivo para que el niño se convierta en una persona feliz e hipersensible es cómo afronta su propia percepción. Por lo tanto, hay que respetar siempre la percepción del niño, si bien eso no implica que haya que cumplir las exigencias o los deseos que se deriven de ella. La clave está en separar la percepción, que nunca debe ponerse en duda, de las conclusiones que se extraigan de ella, que a veces pueden resultar diferentes y cuestionarse.

MANUEL, de ocho años, **Y SU MADRE** son un buen ejemplo de la separación entre percepción y conclusión. «Mamá, tú siempre dices que la señora Steiner es una vecina simpática y buena. Pero yo he visto cómo es cuando nadie la mira. Sólo finge ser simpática. Es envidiosa y rencorosa. Y no le gustamos nada los niños». A lo que la madre respondió: «Entiendo lo que dices. Aun así, ¡quiero que seas amable con ella!».

Es importante fomentar la buena relación del niño con su propio físico para contrarrestar así la pérdida de la percepción de su cuerpo por posibles intentos de adaptación. Sólo mediante la percepción de su propio cuerpo, puede centrarse y evitar la sobrecarga sensorial. El contacto sensorial-corporal directo con la materia, con la tierra, con el agua, con los árboles y con los animales también permite vivir experiencias concretas de descubrimiento del mundo y favorece la formación de patrones de percepción que repercuten favorablemente en la capacidad de concentración y aprendizaje.

En este contexto, el ejercicio y el deporte son especialmente importantes para los niños hipersensibles. Lo único desagradable del deporte es que los niños ruidosos, agresivos y excesivamente competitivos, aquellos obsesionados con ganar, al igual que los silbatos de los entrenadores o profesores, pueden hacer que el niño hipersensible no disfrute, lo que a menudo los conduce a una actitud defensiva de la que luego a veces no pueden salir.

Por lo tanto, siempre son adecuados todos los deportes lúdicos que impliquen ingenio y destreza. Especialmente beneficiosas para las personas hipersensibles, ya sean niños o adultos, son todas las disciplinas de Asia Oriental, ya se trate de taichi o de yoga, de judo, de wing tsung o de karate, porque incluyen el manejo consciente de la energía de la vida, el autocentramiento y la orientación de la energía. Asimismo, las artes marciales y la defensa personal también aumentan la sensación de seguridad y autoestima.

Un niño hipersensible requiere de tiempo para retirarse y procesar todos los estímulos que recibe y que pueden angustiarle. Así, la creación artística, ya sea pintar, hacer plástica, tocar música o escribir, brinda al niño una herramienta ideal para encontrarse a sí mismo, centrarse y clarificarse. Además, con el arte los niños logran experimentar la naturaleza del proceso del diseño creativo, lo que luego les hace más fácil cambiar sus ideas, a menudo opresivas, de perfección y resultados «acabados».

Medidas educativas

Los niños hipersensibles quieren hacerlo todo bien por sí mismos. Es más, quieren hacerlo especialmente bien, de modo que se agobian a sí mismos con su alto nivel de exigencia. Por lo tanto, lo menos aconsejable es regañarlos o castigarlos. Por el contrario, la comprensión y el sosiego de los padres es clave para enseñar a su hijo a ser más indulgente consigo mismo. En definitiva, a tratarse mejor. Al niño hipersensible sus errores lo persiguen durante demasiado tiempo. Bastante se critica él a sí mismo, como para que el resto también lo haga. Hay que apartarse de los reproches y ayudar al niño a adoptar un punto de vista objetivo y a apreciarse a sí mismo. Pero cuidado: jamás hay que fingir aprecio y elogiarlo por algo por lo que ya él se critica a sí mismo. Con semejante comportamiento, sólo se conseguirá que el niño sienta que sus padres ni lo comprenden ni lo toman en serio, y se verá solo en el mundo.

(Este punto supone un problema para algunos adultos: Si la educación no consiste en fijar unas normas, y es mucha la gente con esa extraña idea, entonces ¿qué es la educación? Puesto que esta cuestión se aparta demasiado de los fines de este libro, me gustaría hacer referencia a los libros de Jesper Juul y Jan-Uwe Rogge, los cuales invito al lector a leer).

En los niños hipersensibles no sólo influyen los padres. Los hermanos, los compañeros de juego y de colegio y todos los personajes de los medios de comunicación también tienen un efecto sobre el niño. Como es obvio, resulta imposible huir de los medios de comunicación, pero sí conviene controlarlos, pues constituyen uno de los mayores peligros para los niños hipersensibles.

Tratar con el niño y con uno mismo

Después de leer todas estas páginas sobre niños hipersensibles, es posible que hayas llegado a la conclusión de que la mayoría de estos puntos de vista realmente deberían ser aplicables a todos los niños en general. Y no puedo estar más de acuerdo. En realidad, los niños hipersensibles sólo nos hacen ver con especial claridad lo que necesitan. Son ellos los primeros en reaccionar con sensibilidad e intensidad ante la forma generalizada de «criar a las personas», que en muchos ámbitos no puede calificarse en absoluto de «apropiada para la especie».

Para los padres hipersensibles, un niño hipersensible supone un auténtico punto de inflexión: ¿Cómo afronto mi propia hipersensibilidad como adulto? ¿Me enfrentaré, a través del niño, a ese lado hipersensible mío que yo no acepto? ¿Acaso mimo al niño hipersensible tanto y lo envuelvo entre algodones porque yo mismo no pude vivir mi propia sensibilidad? A veces se trata de padres hipersensibles que, además, cargan a sus hijos con sus propias sensibilidades.

STEFAN, un ingeniero mecánico de 53 años que acudió a mí para que fuera su *coach*, me cuenta: «De niño, me sentía completamente dividido en dos. Enfrentado a dos partes contrapuestas. Fuera, tenía que estar en guardia contra los otros chicos, contra los que debía mantenerme firme de alguna manera. Y, cuando volvía a casa, me esperaba el otro frente: mi madre, hipersensible. No podía dejar que se enterara de los acosos y de las peleas, porque, si no, me habría hecho aún más daño con sus miedos e intentos de intervenir. Y mi padre ni siquiera comprendía mi situación y me ponía de los nervios con sus consejos inteligentes cuando se enteraba. Y todo eso me hizo aún más daño».

La relación con los niños hipersensibles puede moverse en un campo arriesgado entre la desvalorización, la ignorancia, los intentos vanos de adaptación y una idealización aún más peligrosa. Aunque el niño hipersensible ya sea capaz de entender muchas cosas, no hay que olvidar que sigue siendo un niño y que tiene derecho a ser niño y a vivir su infancia, una etapa que no se va a repetir más para él. Así, hay que entender que la idealización no es sólo una exigencia excesiva para el niño, sino que a menudo es también un indicio de la peligrosa difuminación de los papeles entre padres e hijos, de una posible apropiación o de un maltrato mental que a veces se presenta como algo bastante cariñoso y cuidadoso.

Los niños hipersensibles son un regalo para sus padres y para el mundo. Por eso, necesitan padres con mucha claridad, que respeten sus límites y que sean capaces de darles seguridad para que puedan crecer en sus límites. Los niños hipersensibles perciben lo que es real, lo que se supone que forma parte de su educación y crianza, y lo que realmente viven los propios adultos. En consecuencia, son un estímulo constante para el propio desarrollo de los padres.

Aprender a controlar la propia percepción

Es muy posible que te hayas reconocido en la descripción de la naturaleza de las personas hipersensibles. Y tal vez has sentido lo mismo que yo cuando me topé con el primer libro de Elaine Aron. Quizás tú también pudiste respirar aliviado, porque sienta muy bien sentirse comprendido. Y tal vez te has visto reflejado a ti mismo, y la historia de tu vida, en mi descripción de ese proceso de adaptación, derivado del don de la hipersensibilidad, que conduce a un déficit de autopercepción. Te creeré si me dices que te ha dolido. Tras darme cuenta de las conexiones, la pregunta crucial para mí fue: ¿cómo puedo deshacerme ahora de estos mecanismos dañinos?

Reglas de vida en Suiza

Además de Ernst Kretschmer *(véase* pág. 24), el capellán y psicólogo suizo Eduard Schweingruber es otro precursor de Elaine N. Aron en la historia del descubrimiento de la hipersensibilidad. Fue en 1934 cuando se publicó en Zúrich su tomo delgado *Der sensible Mensch* (El hombre sensible) con el subtítulo de «Psychologische Ratschläge zu seiner Lebensführung» (Consejos psicológicos para su estilo de vida). En él, Schweingruber recomienda «Verzicht auf Uneigenes» (renuncia a lo que no es tuyo), «Erlebnisdiät» (dieta de la experiencia) y aconseja a la persona sensible que sea objetiva y se dedique a algo mucho más grande que ella como actitud ante la vida. De hecho, estableció las tres reglas que siguen para el arte de vivir:

Siempre hay que vivir «desde cero». Para uno, esto significa conseguir las «reacciones» necesarias; para otro, significa ocuparse del recogimiento. Sólo así, uno puede digerir los acontecimientos y volver siempre a sí mismo.

La segunda regla exige cultivar la conexión con la «base vital». Para ello, la persona sensible necesita «ejercicios de relajación» y precisa «la experiencia del cuerpo al hacer actividad física». Además de dormir lo suficiente, Schweingruber recomienda el «retiro relajado» estando despierto y las pausas creativas.

La tercera regla tiene que ver con «estar relajado-concentrado en el trabajo, en el juego, en el trato con la gente». Esa permanente «relajación básica sólo es posible si hay una concentración clara en el aquí y ahora». Por eso exige conciencia.

Eduard Schweingruber estableció reglas sensatas de «autoeducación» para llevar una vida consciente y contemplativa en una época que aún no se caracterizaba por la sobrecarga de información, la globalización y la presión cada vez mayor por rendir. Sus recomendaciones son tan válidas hoy como entonces. Integra todo lo que puedas en tu vida cotidiana. Yo siempre intento sacar tiempo para poner las cosas claras, sin lo cual mi trabajo con otras personas no sería posible. También me alegro cuando puedo practicar «ejercicios de relajación» de vez en cuando y aprecio sobremanera «la experiencia del cuerpo al realizar educación física regularmente». No obstante, la mayoría de nosotros nos topamos con límites estrechos en tales empeños.

Los estímulos externos que nos asaltan han aumentado exponencialmente; las exigencias en los ámbitos profesional, social y privado se han incrementado, y también han aumentado las exigencias que cada individuo se impone a sí mismo, a su desarrollo, a su participación en el mundo y a su felicidad en la vida. El alejamiento del mundo es, pues, mucho más difícil.

También hay un peligro en tanta autorreflexión y cuando nos retraemos: quienes siguen estrictamente su «dieta de la experiencia» pueden no llegar a desarrollarse profesionalmente en la medida deseada, puede que no dejen brillar su luz para contribuir. Y por culpa de esto, la sociedad pierde así potencial creativo e importantes impulsos de corrección y cambio.

El papel de la percepción

El factor decisivo que distingue a las personas hipersensibles de las demás es la percepción. Percibimos de forma diferente y, por tanto, tenemos motivos de sobra para preocuparnos profundamente por nuestro don tan especial.

Si nos detenemos a resumir las recomendaciones de Schweingruber, éstas se refieren a reducir la cantidad de estímulos que uno percibe manteniéndose alejado de ellos y sometiéndose a una «dieta de experiencias», y preocupándose por cómo procesarlos interiormente, cómo clarificarlos y fortalecerlos después o antes de encontrarnos con el mundo exterior. Sin embargo, el capellán y psicólogo no ofrece sugerencias para la percepción en sí y para el momento en el que ésta se produce y en el que nos encontramos con el mundo exterior y sus exigencias.

Para dar con soluciones que nos son necesarias si queremos vivir hoy, desarrollarnos y aportar a esta sociedad en que vivimos, me interesa precisamente el proceso de percepción. Al principio me «observaba» a mí mismo haciéndolo. A medida que adquirí más experiencia, pude compartirla con los demás, y entretanto mis conclusiones las confirman una y otra vez los numerosos participantes en mis seminarios y mis pacientes.

REFLEXIÓN

¿Qué reconoces o sabes del mundo que no hayas percibido?

¿Qué reconoces, sabes, sientes o intuyes de ti mismo de lo que no eras consciente?

La percepción no sólo establece tu única conexión con el mundo, sino también tu única conexión contigo mismo.

Percepción: Más que ver, oír, sentir, oler y saborear

Antes solía sentirme también así: me agobiaban las impresiones en la Königstraße de Stuttgart, la visita al Louvre, el paseo por la ciudad de Londres (atención: ¡tráfico por la izquierda e incluso entre peatones!). La cantidad de estímulos, imágenes y personas, todo aquello me consumía muchísima energía. Estaba agotado y, cuanto más débil me sentía, más intensamente me golpeaban todos esos estímulos, de modo que sólo podía sentirme víctima ahí en el mundo exterior, por mucho que me atrajera tanto con todas sus bellezas.

Incluso mi primera excursión a la montaña se convirtió en un fiasco, porque aún no sabía cómo manejar la percepción y mi energía de forma dosificada y controlada. Admiré todas las maravillas imponentes y discretas que me rodeaban, me perdí en ellas y gasté muchísima energía en el proceso. Cuando llegué de nuevo a mi tienda de campaña para cenar, estaba casi enfermo y me sentía incapaz de comer nada. Tenía hambre, pero mi plexo solar había enloquecido.

La percepción es el punto central en la vida de una persona hipersensible. Es su mayor fortaleza y talento, y, al mismo tiempo, puede ser su mayor debilidad si no ha aprendido a manejarla. Los problemas de percepción los sufren principalmente las personas hipersensibles que han intentado adaptarse y suprimir su hipersensibilidad. Y es que, como resultado de ello, han perdido la percepción de sí mismas y, por tanto, también la relación con su persona. De este modo, tan sólo se han expuesto a los estímulos del mundo exterior.

Cuando nuestra propia percepción nos debilita

A la mayoría de las personas hipersensibles les agota el contacto con los demás seres. Del mismo modo que nos puede extenuar «ir de compras». Perdemos energía. Incluso en un paisaje fascinantemente bello podemos quedarnos sin energía, como me ocurrió a mí en las montañas cuando era un estudiante. Si nos detenemos a observar más de cerca la percepción de las personas hipersensibles afectadas, descubrimos que su atención sólo estaba en el exterior: durante la conversación estaban completamente con la otra persona, la entendían bien, empatizaban con ella. Pero dejaban de sentirse ellas mismas. Y eso es precisamente lo que las debilita.

¿Y SI LA SOLUCIÓN ESTÁ EN UNA ALTA AUTOESTIMA ADQUIRIDA?
La razón de la brecha en la vida de las personas hipersensibles que no pudieron ser como fueron creadas para ser se encuentra exac-

tamente en este punto central: en la percepción. Por eso creo que es crucial no empezar por aumentar la autoconfianza, sino por este proceso que es fundamental: cuando uno ha aprendido a lidiar de forma consciente con su percepción, su existencia cambia por completo y, con ella, su actitud ante la vida. Como resultado, la autoestima aumenta por sí sola.

Cuando salimos de compras, muchos de los que somos hipersensibles sólo captamos las impresiones que nos llegan de fuera. Cuanto más dirigimos nuestra percepción hacia el exterior, más fácil nos resulta sentirnos amenazados, lo que a su vez nos lleva a reforzar nuestra actitud de «tengo que estar al tanto», a ponernos tensos y a dirigir nuestra percepción aún más hacia el exterior, lo que, al tiempo, nos hace sentirnos aún más agobiados… A menudo, es en una situación así en la que se inicia un círculo vicioso.

Percepción y energía

La atención es energía. Por eso es tan bueno para nosotros que se fijen en nosotros y nos presten atención. Los niños necesitan esta energía y la reciben: «¡Mamá, mira!», dicen sin disimular. No se cansan de recibirla. Incluso la atención que recibe un niño trasto y revoloteador es, obviamente, mejor para él que no recibir ninguna atención y energía. Así que molestan hasta que se les presta atención. A los adultos les pasa algo parecido. Suelen recibir muy poca atención. Les falta agasajo y consideración a sus esfuerzos. ¿Cuántas interrupciones durante el desarrollo de los trabajos, cuántas crisis energéticas vividas sin sentido tienen probablemente su punto de partida oculto en la falta de atención?

Quien centra su atención sólo en el exterior pierde constantemente energía y se desangra. Se debilita a sí mismo a largo plazo a través de su percepción. La percepción y la atención son la clave para orientar la propia energía de la vida. Con el uso consciente de nuestra percepción, controlamos nuestro propio estado energético. Para decirlo de un modo sencillo: puedes aprender a estar contigo mismo y centrado con tu

71

percepción y, sin embargo, no perder de vista el mundo exterior. Sólo así, las personas hipersensibles podemos disfrutar paseando por el mercadillo navideño o por la ciudad. Controlar la percepción permite un mayor nivel de energía, desarrollo y más alegría en la vida.

Percepción: Un proceso activo pero que se experimenta de forma pasiva

Todos hemos aprendido a percibir. Pero ya no lo sabemos. La percepción se ha convertido en un proceso automático que, para la mayoría de la gente, funciona sin un control consciente. En la mayoría de los casos, percibir se vive como algo pasivo. Sin embargo, esto no es así. Al contrario. Percibir es un acto que se hace de forma activa y puede modificarse mediante decisiones conscientes.

En lugar de dejarte determinar por los estímulos que hay ahí fuera y limitarte a reaccionar ante ellos, puedes aprender a organizar tu percepción. Llevas ya mucho tiempo haciéndolo en situaciones en las que te concentras en ciertas actividades. Por ejemplo, ahora estoy escribiendo este texto en mi portátil. En la casa de al lado están haciendo una reforma, los obreros golpean y martillean para quitar el yeso viejo. Percibo brevemente esos sonidos, pero vuelvo a concentrarme en mi trabajo. Al cabo de un rato, ya no oigo los ruidos propios de las obras. Sólo escucho la vibración de mi teclado mientras escribo el texto. Por cierto, también desconecto del ruido del ventilador del portátil. Ahora he pensado en ello y lo vuelvo a oír. Hago una pausa, oigo el tictac del reloj de la estantería. Luego me levanto, miro por la ventana y percibo los ruidos de la obra otra vez. Entonces decido dar espacio a los mirlos que cantan en el jardín, y el martilleo y los golpes retroceden. Siento mi respiración tranquila, la necesidad de estirarme, de tensar los músculos y volver a relajarme, y ahora respiro más profundamente.

Sólo relativamente adecuado para personas hipersensibles: El concepto de *mindfulness*

Quizá la lectura de estas páginas sobre la percepción te lleve a pensar en el concepto de «mindfulness» de Jon Kabat- Zinn y otros (conocido como *Stressbewältigung durch Achtsamkeit* (gestión del estrés mediante el *mindfulness)* o *Mindfulness based Stress Reduction* (reducción del estrés basado en *mindfulness).* Lo que he observado en personas hipersensibles que han aprendido el método *mindfulness* de percepción en una clínica de rehabilitación, por ejemplo, me dice que después solían ser incluso menos capaces de hacer frente a las exigencias cotidianas de su vida. A menudo se distanciaban aún más de sus contactos («Sentí claramente que mi mejor amiga no era buena para mí») o incluso sufrían más por la dureza del mundo y se declaraban incapaces de ganarse la vida («¡Pero si siento que este trabajo no es para mí y no corresponde a mi naturaleza!»). El conflicto típico de las personas hipersensibles entre la adaptación y la sobreexigencia por un lado, y el retraimiento y la infraexigencia por otro, puede alimentarse aún más con el *mindfulness*, ya no intensificando la adaptación como antes, sino amplificando la infraexigencia y el cuidado. Sin embargo, una y otra vez se trata del mismo conflicto de siempre.

En el *mindfulness*, la percepción de estímulos molestos y sensaciones incómodas va acompañada de una mayor conciencia de las propias reacciones sensibles ante ellos. De este modo, puede producirse un círculo vicioso en el que la sensibilidad y el sufrimiento se intensifican.

Para salir de este dilema, no basta con recuperar la percepción, por así decirlo, «ingenua» del cuerpo. Por eso mi concepto va un paso decisivo más allá: aprendes a percibir tu cuerpo y, más allá de eso, también aprendes a percibir la propia percepción. A partir de ahí, puedes enfrentarte conscientemente a los estímulos, relativizarlos, controlarlos y dosificarlos.

En este contexto, también me parece importante separar estrictamente la percepción de las conclusiones que uno saca de ella. Por ejemplo, puedo percibir que el trabajo es agotador y estresante y aun así llegar a la conclusión de que mañana volveré a trabajar porque tengo que pagar el alquiler y todavía no he encontrado otra solución.

La percepción es relativa

Cuando dos personas se encuentran en la misma situación, no significa que perciban lo mismo. El cerebro capta estímulos abstractos y construye a partir de ellos nuestras impresiones sensoriales de la realidad. Hace tiempo que es incapaz de tener en cuenta todos los estímulos (incluso en nuestro caso, el de los hipersensibles), pues son demasiados. Por eso, filtra y deja que penetren en nosotros los estímulos que le parecen importantes. Con un filtro diferente, con especificaciones, suposiciones y valoraciones distintas, también surge una imagen diferente del mundo.

Por todo ello, la percepción no es en absoluto objetiva. Ignoramos fácilmente el cortacésped del vecino que nos cae bien, mientras que el cortacésped del vecino que nos cae mal puede ponernos de los nervios. Lo que es ruido para una persona puede ser música para otra. Nuestra percepción está moldeada por nuestros intereses y expectativas, por nuestros deseos y necesidades, por nuestros conocimientos, nuestras vivencias y experiencias previas, por nuestras teorías, conceptos y programas, por nuestros valores y valoraciones, por los significados que damos a los estímulos percibidos.

DURANTE UN SEMINARIO sobre el uso constructivo de la energía de la vida, de repente percibo malestar entre los participantes. Una mujer me pide, un poco agresiva, que por favor haga que en el pasillo no haya ruido. Decía que no podía concentrarse en el tema. Yo había registrado los ruidos, pero los había percibido sin más. Habían entrado niños en el edificio y se estaban colocando en el aula de al lado. Expliqué a mis participantes que allí fuera pasaba algo muy alegre. Miembros comprometidos de la comunidad estaban dando a los niños, que venían del extranjero, clases adicionales de alemán para integrarlos mejor y aumentar sus posibilidades en el país. Esta valoración relajó a los participantes del seminario, que enseguida dejaron de sentirse molestos. El sentido de mi observación de que el ruido de los niños era alegría, expresiones puras de energía de la vida, fue aún más lejos. A través de la aceptación, la simpatía y la «resonancia» con la alegría de los niños, también podrían avivar ellos su propia energía.

Trampas en tu propia cabeza

Percibimos los estímulos que se mueven con más intensidad que los estáticos, y, cuanto más rápido se mueven, más intensos. Todo dueño de perro, y todo corredor, sabe que Bello («Solo quiere jugar») muestra más interés por un corredor que por un excursionista sentado en un banco (a menos que el excursionista se esté comiendo un bocadillo). Del mismo modo, el cerebro percibe más claramente los estímulos nuevos que los ya familiares. Los estímulos nuevos enmascaran los familiares. Este mecanismo ofrecía a nuestros antepasados claras ventajas de supervivencia: los cambios y los nuevos peligros se reconocen a tiempo, al igual que las ofertas inesperadas de comida. El cerebro incluso busca activamente nuevos estímulos todo el tiempo. En momentos de sobrecarga de información y desarrollo acelerado, este funcionamiento del cerebro es una peligrosa trampa de la que casi nadie escapa tan fácilmente. Los pacientes me cuentan que llegan a casa y lo único que quieren es tranquilidad, y entonces vuelven a encender la tele, la cual acaba agobiándolos aún más.

El aumento inconsciente de los estímulos que molestan

Imagina que estás de excursión por la montaña: disfrutas de la maravillosa vista de la cordillera de fondo. Aspiras el aire aromático de la montaña, que avanza hacia tus dilatados pulmones; luego sientes la fuerza en las piernas, escuchas el cantar de los pájaros y el concierto de los cencerros; sigues con la mirada el vuelo de un abejorro de flor en flor, muerdes con placer tu bocadillo, y sigues adelante con buen ánimo. Pero de repente sólo percibes un estímulo, y todo lo demás desaparece: el piar de los pájaros, el campanilleo del ganado, el abejorro tonto… ¡Sólo sientes un punto en tu pie izquierdo! Sólo ese punto dolorido. Te ves obligado a ir hasta la estación de la montaña cojeando con el tobillo torcido.

Los estímulos que molestan son aumentados por nuestro sistema nervioso para que no podamos ignorarlos tan fácilmente. Ese aumento nos impulsa a hacer algo para detener la molestia. Tiene sentido. Sin embargo, también puedes quedar atrapado en este bucle de control si no tienes cuidado. No todos los estímulos molestos tienen solución. De hecho, a menudo no tenemos ninguna influencia sobre la causa de los estímulos que nos afectan.

Cuanto más nos molestan, con mayor intensidad percibimos precisamente esos estímulos.

Muchas personas hipersensibles aumentan sin saberlo los estímulos que las agobian y contra los que se resisten. Como resultado, estos mismos estímulos ejercen un efecto aún más fuerte sobre ellas, lo que a su vez sólo las lleva a rechazar dichos estímulos con aún más vehemencia. Reconocer esta conexión puede cambiar fundamentalmente nuestra vida y evitar que acabemos viviendo en un mundo que sigue estando determinado por estímulos que molestan. Se trata de aceptar también aquello que nos incomoda y que no podemos cambiar. Enfrentarse a la propia hipersensibilidad requiere también el desarrollo de una actitud mental de aceptación y acogida de las personas tal como son y de la vida tal como es. Tengo que admitir que, para las personas hipersensibles, esto, en particular, con nuestra idea interna de armonía, equilibrio y perfección, no es precisamente una tarea fácil.

El autocentramiento mediante la percepción consciente

Empecemos el camino para autocentrarnos mejor con un experimento muy sencillo.

EJERCICIO
- ¿Qué estás percibiendo en este momento? Regístralo.
- ¿Te impactan estos estímulos?
- ¿Qué efectos habrían tenido otros estímulos?

Si haces este ejercicio, te darás cuenta de que en un momento dado hay muchos más estímulos de los que percibiste. Podrías haber percibido estímulos completamente distintos. Para que percibieras lo que percibiste primero, tuviste que renunciar a esas otras impresiones. La percepción es, entre otras cosas, un proceso de filtrado. La percepción de determinados estímulos sólo tiene éxito mediante la renuncia a la percepción de otros estímulos. La cantidad de estímulos percibidos en un momento es limitada. Según algunos investigadores, hay siete (más/menos dos) estímulos. Este simple hecho de que la cantidad de estímulos es limitada también se aplica a los hipersensibles (aunque nosotros podamos tener más). Justo esto es lo que hace que uno mismo pueda elegir los estímulos y controlar la percepción.

Dicho de otro modo, cuando abro este libro delante de mí y me detengo a leer el texto impreso en él, al percibir los pensamientos que despierta en mi mente, sentir el agradable calor, oír el ronroneo del gato y notar su peso en mi barriga y mi propia respiración profunda, entonces es posible que ya ni siquiera me fije en los coches de la carretera que a otros les podrían molestar.

Una vez que hayas experimentado con este ejercicio unas cuantas veces, puedes empezar a probar en la naturaleza el sencillo método que te propongo: ¿cómo vives ahora el paseo por la ciudad cuando divides tu atención entre estímulos externos y estímulos internos, y estás en parte contigo mismo con tu percepción? A lo largo de la lectura encontrarás sugerencias para ponerlo en práctica. Sentirás cambios sutiles y, sin embargo, muy efectivos. Ya no estás a merced de los estímulos, puedes elegir entre ellos y luego dosificarlos un poco.

Quien no se percibe a sí mismo y centra la mayor parte de su atención en el exterior no está consigo mismo. Y, cómo no, esto tiene consecuencias para el propio equilibrio energético. Pierde demasiada energía en el proceso. Y aún peor: no está centrado. Se le ignora fácilmente porque no está consigo mismo. Su posición en la vida no está ocupada. No es percibido energéticamente y, a menudo, no es respetado.

EJERCICIOS DE PERCEPCIÓN

En estos experimentos, que a primera vista parecen sencillos, tómate tu tiempo para descubrir las sutiles diferencias en tu percepción. Intenta abordar los ejercicios sin expectativas. Si ahora mismo no puedes concentrarte en descubrir todas las diferencias sutiles de tu percepción, no te presiones. En lugar de ello, te aconsejo volver a estos ejercicios de vez en cuando y repetirlos. De este modo, entrenarás tu percepción consciente y activa.

Concéntrate en aquello de lo que eres consciente y enuméralo en tu cabeza.

- Distribuye lo que percibes entre los distintos canales sensoriales (vista, oído, …).
- ¿Qué más puedes percibir más allá de los «cinco sentidos»? Toma conciencia de ello.
- ¿Qué de todo ello percibes a través de tu cuerpo?
- Divide lo que percibes en dos categorías: interior y exterior: ¿qué estímulos percibes procedentes del exterior? ¿Qué estímulos percibes en ti mismo?
- ¿Qué estímulos externos te resultan molestos?
- ¿Qué estímulos internos calificas de molestos?
- ¿Qué estímulos consideras neutrales?
- ¿Cómo reaccionas ante los estímulos molestos? ¿Con qué valoraciones, pensamientos, sentimientos…?
- ¿Cómo afecta tu reacción a la percepción de los estímulos que te molestan? ¿Los refuerza o los debilita?
- A su vez, ¿qué efecto tiene este cambio de percepción en todas tus reacciones, tus valoraciones, pensamientos, sentimientos, tu estado físico…?
- Los estímulos que molestan suelen tener preferencia en nuestra percepción. Sé consciente de ello por un momento. ¿Qué efecto podría tener si te centraras cada vez más en estos estímulos que molestan?
- Después, concéntrate en los estímulos agradables. ¿Qué peligros habría si sólo percibieras los estímulos agradables?
- ¿Qué ocurre cuando divides tu atención entre un estímulo que molesta y otro agradable al mismo tiempo?
- ¿Cambia algo en tu percepción y en todo lo que se deriva de ella cuando consigues ver los estímulos como información? ¿Cómo afecta esta forma de mirar a tu evaluación y a tus reacciones?

Volviendo a la pregunta inicial: fíjate en lo que estás percibiendo conscientemente en este momento. Enuméralo en tu cabeza. ¿Ha cambiado la selección desde que empezaste el ejercicio?

- ¿Qué ocurre cuando concentras tu percepción por completo en los estímulos del exterior? ¿Qué consigues con ello?
- ¿Qué ocurre cuando centras más tu percepción en los estímulos internos? Por ejemplo, ¿te tranquilizas cuando te centras más en tu cuerpo?
- ¿Cuándo te sientes más fuerte?
- ¿Qué efectos tiene en tu equilibrio energético que centres tu conciencia en tu cuerpo?
- ¿Y cómo puede influir eso en tu relación contigo mismo? ¿Con los demás? ¿En tu actitud ante la vida?

Volvamos a la primera pregunta: ¿qué estás percibiendo en este momento? Una tarea paradójica: intenta percibir todo lo que no has percibido. Dicho de otro modo, ¿qué más podrías haber percibido?
- ¿Qué es todo lo que percibes tras esta pregunta de reflexión?
- ¿Ha cambiado esta pregunta paradójica tu elección de estímulos?

Ten en cuenta que no puedes percibir todos los estímulos posibles al mismo tiempo, sino sólo una selección cada vez. ¿Quién hace la selección? ¿Son los estímulos fuertes y molestos? ¿Son los viejos hábitos de percepción? ¿Podemos, y hasta qué punto, controlar nuestra percepción para que los estímulos nos molesten y debiliten menos, sin distorsionar ni ocultar los hechos?
- ¿Una persona que recibe otros estímulos e información vive en el mismo sistema de referencia que tú?
- ¿Cambia tu idea de lo que es? ¿Cambia tu visión del bien y del mal? ¿Tu actitud en los conflictos?
- ¿Qué impacto puede tener esta toma de conciencia en ti mismo y en tu relación con los demás?

ELISABETH lo tiene claro: «Desde que estoy más conmigo misma controlando mi percepción, mi caballo reacciona de forma diferente ante mí. Por fin me respeta y me sigue con más facilidad. Cuando quiero pedir algo en el restaurante, últimamente me hacen caso. Incluso mi hijo de ocho años me escucha cuando digo algo».

El autocentramiento a través de la conciencia es el requisito básico para que funcionen otros métodos de energía que irás conociendo a lo largo del libro. Así que, si es posible, practica varias veces al día a centrar tu atención hacia dentro, en las sensaciones del cuerpo, tus movimientos, tu nivel de energía, etc., aunque sólo sea durante unos instantes.

Fuerza, energía y crecimiento a través de la limitación

Los límites no son un fin en sí mismos. Los límites protegen un territorio, una zona que nos pertenece, sobre la que queremos disponer libre y de forma autodeterminada, y de la que nos responsabilizamos. Los límites no se refieren principalmente a las fronteras en sí, sino al territorio que hay que proteger. Los límites en el sentido original (vallas de jardines, fronteras de países…) describen el paso de un territorio al territorio de otro o a una zona libre. Lo mismo que ocurre con los límites en sentido literal sucede con nuestros límites en sentido figurado: también aquí marcan el paso de nuestra zona a la zona de otra persona o el paso entre nuestra zona y el ancho mundo exterior. Por tanto, los límites también determinan nuestra relación con otras personas, con el mundo en general y con nosotros mismos.

Las tensiones y los conflictos siempre surgen en los límites. Quien conoce sus límites, los percibe, está dispuesto a prestarles atención y tiene el valor y la fuerza de marcarlos y defenderlos, lo más probable es que pueda esperar vivir en armonía con los demás y en paz consigo mismo. Percibir y respetar nuestros propios límites nos protege de autosobreexigirnos y, al mismo tiempo, nos permite desarrollarnos y crecer de acuerdo con nuestras fuerzas reales, ocupar el espacio de la vida que somos capaces de llenar.

Nuestros propios límites

La idea de estar limitado no despierta necesariamente entusiasmo. Y menos en una época en la que la autolimitación se confunde con la restricción, en la que la ideología de las posibilidades ilimitadas predomina con todas las consecuencias posibles, como el sobreendeudamiento, la insatisfacción, la sobreexigencia y la autosobreexigencia de uno mismo, con la constante de no estar donde se está en ese momento. La ideología de lo ilimitado también incluye la idea de que se puede conseguir cualquier cosa si uno se lo propone. Y si no se ha conseguido llegar a la cima, es que uno no se ha esforzado lo suficiente… La ideología de lo ilimitado es, ante todo, una doctrina de justificación para los fuertes y los triunfadores. Las personas hipersensibles también pueden sucumbir a esta idea. A menudo les seguimos el juego y reforzamos así las dificultades ya existentes con la autolimitación y con la limitación hacia los demás.

Pero ¿dónde están en verdad nuestros propios límites? Muchas personas hipersensibles que no se perciben a sí mismas y dirigen habitualmente su atención hacia el exterior no conocen en absoluto sus límites y, por tanto, no pueden observarlos ni proteger sus límites frente a los demás. Como resultado, a menudo se sobrecargan o se exigen demasiado poco, a menudo experimentan a otras personas como infractoras de límites o se interponen ellas mismas en el camino de los demás sin pretenderlo.

Una persona hipersensible que ha sacrificado en gran medida la percepción de sí misma y de su cuerpo a la adaptación también pierde el contacto con sus propios límites. Está en todas partes y en ninguna, pero desde luego no en su cuerpo. Sólo se da cuenta de su cuerpo cuando ya es demasiado tarde, cuando se ha sobrecargado, cuando ha vuelto a sobrepasar sus límites. Entonces nota el cuerpo en forma de dolor y síntomas. Y eso, a su vez, no refuerza necesariamente su entusiasmo por percibir su cuerpo y sus límites. Pero sólo la percepción de nuestro propio cuerpo puede ayudarnos a reconocernos a nosotros mismos y a nuestros límites, a ceñirnos a ellos y a protegerlos.

Muchas personas hipersensibles están animadas por una especie de ambición interior. Nuestro deseo de perfección y nuestro anhelo de armonía nos tientan a ir mucho más allá de nuestros límites. Agotamos nuestras fuerzas sin reconocerlo a tiempo, pero este sobreesfuerzo no pasa desapercibido sin consecuencias. Un buen día, como de la nada, aparecen el dolor, los síntomas o incluso sólo el malestar. Entonces, por necesidad, uno tiene que tomárselo con calma, se siente débil y ya no puede reunir fuerzas. Todo se vuelve demasiado difícil. Y ahí es cuando la persona se cierra al mundo y a sus exigencias. Uno se retira lejos de sus límites anteriores, al interior de su cuerpo, entrega ese espacio reivindicado que ya no puede cultivar y proteger.

La solución a este conflicto no consiste en absoluto en moverse sólo a marcha lenta y delicada, en mimarse como un bebé, en envolverse entre algodones y mantenerse alejado de todas las iniquidades del mundo. Tampoco consiste en ignorar los propios límites y sobrecargarse constantemente. La solución sólo puede consistir en controlarse a uno mismo de forma consciente y madura. Y eso no es posible sin ser consciente de la propia condición física, de la propia energía real, de los propios recursos y, por tanto, de los propios límites. Sólo a través de la autopercepción, podemos asegurarnos que nos mantendremos en un estado fuerte y eficiente.

La ubicación de los límites no es una casualidad

Tras leer algunos libros sobre limitaciones, uno puede llegar a la conclusión de que los límites son aleatorios y de que puede fijarlos arbitrariamente según sus ideas o mediante razonamientos mentales. Sin embargo, nuestros límites son algo muy real. Se corresponden exactamente con nuestra propia capacidad, con nuestra fuerza: ¿hasta dónde puedo llegar? ¿Qué cantidad de trabajo puedo realizar? ¿En qué momento el esfuerzo va en mi contra?

Cuando nos ponemos límites demasiado estrictos, nos debilitamos. Nos hacemos pequeños, no alcanzamos nuestras posibilidades. Nos aburrimos. Nuestra energía no puede fluir y no nos desarrollamos. Sin embargo, si fijamos nuestros límites demasiado amplios, nos exigimos demasiado, nos forzamos demasiado y nos debilitamos igualmente, lo que al final sólo conduce a que tengamos que volver a quedarnos cortos con respecto a nuestros límites. Por lo tanto, la zona anterior al propio límite es siempre la más atractiva. Es la zona de bienestar óptimo en la que somos más eficientes. Sólo allí podemos ampliar nuestros límites y desarrollarnos al máximo. Crecemos en nuestros límites. Es precisamente en esta línea donde también pueden producirse fenómenos como el llamado *flow*, en el que crecemos más allá de nosotros mismos.

MARK tiene 23 años y estudia Educación Social: «Mis esfuerzos por ganar al menos unos cuantos músculos fueron en vano durante mucho tiempo. Me esforzaba constantemente más allá de mis límites en el gimnasio, y luego ya no podía volver a pisarlo durante un largo tiempo porque tenía que curarme las agujetas y las distensiones. Cuando después intentaba recuperar el ritmo de entrenamiento, rápidamente volvía a sobrecargarme. Ahora me doy cuenta de todo lo que me saboteé a mí mismo con mis elevados niveles de exigencia».

El crecimiento armonioso sólo puede tener lugar dentro de unos límites seguros. Únicamente cuando percibimos, respetamos y aseguramos nuestros límites podemos ampliarlos, ya sean los límites de nuestra percepción de los estímulos, los límites de la tensión nerviosa o física, o los límites de nuestro conocimiento y capacidad. Sólo entonces superamos el vaivén del exceso de trabajo y de exigencias, la apreciación errónea de la propia debilidad y la fantasía de una supuesta fuerza.

MARÍA, que en un principio había participado en mis seminarios por motivos profesionales, pudo relatarme algunos de los efectos secundarios más agradables que experimentó: «Desde que he aprendido a prestar atención conscientemente a mis límites y a no sobrecargarme, puedo, por ejemplo, salir más tiempo con mi marido sin que me dé tinnitus y le estropee la fiesta a Dieter. Ahora presto atención a mis límites, estoy más relajada y, de repente, veo que puedo confiar en mí misma para hacer algo más sin forzarme. Es una paradoja: me cuido y me siento mejor. Y Dieter también está mejor. Ya no me adapto y estoy de mal humor después, sino que me cuido a tiempo. Discutimos menos y somos más felices juntos».

Puedes utilizar tu hipersensibilidad precisamente para este fin: para reconocer con precisión hasta dónde puedes llegar, y para percibir con antelación las sutiles señales que indican dónde sigues haciéndolo bien y dónde estás empezando a esforzarte en exceso.

El cuerpo conoce el límite

La mente puede reflexionar sobre los límites en sí mismos y, en concreto, puede debatir dónde deberían o podrían teóricamente estar, pero, en realidad, desconoce dónde están nuestros verdaderos límites. Suele ser justo lo contrario. A menudo es nuestra cabeza, con sus pensamientos y teorías, la que nos lleva a que al final nos volvamos a coger a nosotros mismos por sorpresa, y a que, a pesar de las buenas intenciones, sobrepasemos o arruinemos nuestros límites o no sepamos poner freno a los de los demás. Todas esas afirmaciones con un «tendrías que» o un «deberías», o aquellas otras tipo «Puedes hacerlo, después de todo, hasta ahora ha ido bien», o cualquier comparación con los demás como «Si ellos también pueden hacerlo», pertenecen a los patrones de pensamiento que sabotean nuestros límites.

Ni siquiera nuestro corazón con sus sentimientos puede ayudarnos a reconocer y mantener nuestros límites. Es al revés: es el corazón el que amplía nuestros límites, tiende puentes hacia los demás, permite la trascendencia. Podemos empatizar con los demás con el corazón, el corazón nos hace altruistas en el mejor sentido. Así, muchas personas tratan de ir más allá de sus límites y se sacrifican por escuchar sólo a su corazón, con independencia de si el sacrificio resulta significativo y heroico, o es en vano e inapropiado, deseado o no deseado.

El único que conoce realmente nuestros límites es nuestro cuerpo. Mejor dicho, nuestro estómago. Nos dice concretamente cuántas piedras podemos cargar y a partir de qué piedra nos podemos hacer daño. Expresa exactamente en qué bocado estamos llenos y hemos tenido suficiente. Puede decirnos cuánto tiempo podemos estar sentados frente al ordenador y cuándo necesitamos un descanso para mantenernos sanos y productivos. Nos ayuda a percibir nuestro cuerpo a tiempo y antes de hacerle daño y de sentirnos mal, antes de que nos ardan los ojos y nos duela la espalda.

Para prestar atención a nuestros límites, mantenerlos y protegerlos, necesitamos estar centrados. Nos hace falta un contacto constante con nuestro cuerpo. Podemos utilizarlo como sensor. Y esto es exactamente lo que nos falta a muchos de nosotros, a todas las personas hipersensibles que hemos sacrificado nuestra percepción del cuerpo para encajar con los demás con el fin de pertenecer a un grupo y ser aceptados.

Conocer los límites mentales

La limitación puede tener lugar a distintos niveles: mental, comunicativo y energético. La limitación comunicativa y energética, para que realmente funcione, sólo se puede transmitir en situaciones concretas de encuentro (por ejemplo, en un seminario). Por lo tanto, centrémonos sobre todo en la limitación mental.

REFLEXIÓN

«¿Son ésos mis sentimientos?»

Los sentimientos y estados de ánimo tienden a propagarse. Quienes no están centrados y no se ponen límites a sí mismos corren el riesgo de adoptar los estados emocionales y de ánimo de otras personas. Para la limitación mental, incluso la simple pregunta puede ser suficiente: «¿son éstos mis sentimientos?». ¿Y cómo te gustaría sentirte en su lugar? Vuelve sobre esta pregunta una y otra vez a lo largo del día. Colócate un pequeño pósit en un lugar estratégico para ayudarte a recordarla.

«¿Son éstos mis pensamientos?»

Las personas hipersensibles suelen adoptar los pensamientos y las actitudes de los demás. Los demás nos «contagian» mentalmente. También aquí se trata de aprender a distinguir cuáles son los propios pensamientos, puntos de vista, actitudes mentales. Reflexionando sobre esto, puedes exponerte tanto más abiertamente a otras posiciones, intereses, actitudes y pensamientos con una forma de aprecio. Entonces, no te perderás a ti mismo y a través del encuentro con posiciones ajenas podrás ampliar o afinar tu propia forma de ver y pensar y acercarte aún mejor a la realidad. «¿Son estos mis pensamientos? ¿Y qué estoy pensando?». A algunas personas les ayuda visualizar sus propios pensamientos en un color determinado. Si percibes conscientemente los distintos pedazos de pensamientos que zumban en tu mente, entonces podrás distinguir con mayor facilidad tus propios pensamientos de los que has tomado del exterior.

«¿Es esta mi sensación física?»

Muchas personas hipersensibles, sin saberlo ni quererlo, adoptan incluso las posturas y sensaciones físicas y sensaciones erróneas de otras personas. También en este caso, practica notar las sensaciones del cuerpo y distinguir conscientemente lo que realmente te pertenece y lo que puedes dejar pasar porque viene de fuera.

Cómo dosificar la empatía

Comprueba también el grado de empatía que es adecuado para ti: ¿cuánta empatía tiene sentido, por ejemplo, para entender a la otra persona, poder comprender su estado y darle la sensación de que está siendo percibida y de que se le presta atención? ¿Y dónde empieza la compasión sin sentido? También debemos preguntarnos según qué criterios empatizamos con los demás. ¿Solamente empatizamos con los que sufren? ¿Y qué hay de adoptar las sensaciones físicas y las actitudes de las personas felices, fuertes y sanas?

Cómo gestionar bien nuestra energía

Cuando nuestros límites son demasiado estrechos, nos debilitan. Un territorio demasiado pequeño nos exige demasiado poco. Nos sentimos limitados y corremos el riesgo de aburrirnos y sentirnos insatisfechos dentro de esos estrechos límites. Miramos con anhelo el amplio campo que podríamos conquistar ahí fuera.

Si nos fijamos límites excesivamente amplios, nuestra decisión también nos debilita porque nos sobrecarga. Nos sentimos inseguros en un territorio que no podemos proteger, en unos límites o fronteras que se extienden demasiado para que no podamos defenderlas. Si nosotros mismos no podemos llenar nuestro territorio, a otros se les puede ocurrir más fácilmente arrebatarnos ese territorio. Si nuestros límites están demasiado lejos de nosotros, también pueden separarnos de los demás y aislarnos.

La ilimitación total nos hace emanar nuestra energía y desangrarnos energéticamente. Un mundo ilimitado de posibilidades puede llegar a agobiarnos. Sólo un territorio acotado y limitado nos da fuerza y apoyo. Concentra nuestra energía.

Los límites apropiados exactos están al servicio de nuestro bienestar. Sólo nuestro cuerpo puede percibir si estamos bien. Por eso, sólo nuestro cuerpo puede decirnos dónde están nuestros límites. Nuestra cabeza no lo sabe, ni nuestro corazón tampoco puede ayudarnos. Nuestros límites son también un espejo de nuestra fuerza.

La autolimitación en la práctica

La falta de autolimitación no sólo provoca el patrón de sobreexigencia e infraexigencia tan extendido entre nosotros, las personas hipersensibles, sino que también suele conducir a que la energía en la práctica se utilice de tal manera que no conduzca a resultados concretos. Al final, nuestra energía se pierde en la inmensidad del espacio ilimitado. Perdemos fuerza y motivación. Para que surta efecto, tenemos que limitar nuestro campo de acción. Tranquilo, las preguntas de la página siguiente nos ayudan a hacerlo.

Traspasar los límites hasta explotar

Una persona hipersensible, una vez que sobrepasa sus límites, cambia radicalmente. De un segundo a otro, su alta sensibilidad puede transformarse en todo lo contrario: hace un momento era muy sensible, empática, servicial y cuidadosa, comprensiva y amable, tolerante y considerada, educada y refinada, y, de repente, deja de serlo. No es que haya retrocedido hacia una actitud neutra, sino hacia su contrario: la hipersensibilidad se vuelca hacia un estado de total falta de sensibilidad. Una persona insensible difícilmente puede ser tan insensible como una persona hipersensible cuyos límites se han sobrepasado.

Semejante vuelco se produce precisamente cuando una persona hipersensible se da cuenta con cierto retraso de que ha sobrepasado con creces sus propios límites o de que otros los han herido traspasando los suyos. Para entonces, hace tiempo que está contra la pared y no puede ir más allá. Está al límite de sus fuerzas y siente una tensión insoportable en su interior, una rabia que invade todo su ser y que ya no puede pasar por alto porque es demasiado fuerte. Su perspectiva se ha vuelto más estrecha. Sólo ve la amenaza, y tal vez reconoce en esa persona que ha herido sus límites sin darse cuenta a un atacante y enemigo. Entonces únicamente le preocupa una cosa: su existencia, su pura supervivencia. Su comportamiento cambia ahora para tal fin. Arremete contra los de su alrededor, por así decirlo, se enfada y enloquece.

Las personas hipersensibles no siempre explotan, a veces implosionan. Su estado también cambia cuando la energía reprimida no se hace sentir hacia el exterior. Uno se amarga, se siente solo, amenazado, traicionado, decepcionado por todos. Uno llega a una situación de estrés extremo. Y en consecuencia piensa y reacciona según un patrón simple: tú o yo. Blanco o negro. Quien no está a mi favor está en mi contra. Ése es el momento en que una persona hipersensible corre el riesgo de destruir puentes, dar portazos o romper los contactos. Y a veces esto sucede muy silenciosamente y pasa casi desapercibido para los demás.

Una persona hipersensible que no está consigo misma y no se percibe a sí misma, que por consiguiente no reconoce sus límites y luego no puede marcarlos y protegerlos, que no ha notado los primeros signos de inquietud y malestar en su ser cuando se ha exigido demasiadas cosas o cuando otros se acercaron en exceso a su territorio, se ve desbordada por su propia agresividad cuando realmente ya no puede pasar por alto todo esto. Suele manifestarse en forma de «hormigueo» e inquietud, el cuerpo está tenso y se siente amenazado, y la sensación a menudo no es percibida a tiempo por las personas que son hipersensibles.

Por ello, no es de extrañar que, después de un arrebato así, uno se sienta especialmente arrepentido y se comporte de forma tanto más comprensiva y complaciente, al fin y al cabo, todo el mundo quiere subsanar el daño causado. Y a menudo, por eso, uno está aún menos consigo mismo y protege aún menos sus límites. Cuanto más intenta una persona subsanar lo sucedido de esta manera, mayor riesgo corre del próximo escándalo.

La gestión de los límites se aprende en la familia

En las familias de niños hipersensibles, uno de los progenitores suele ser hipersensible, quizás ambos lo sean, como en mi caso. Sólo en raras ocasiones los padres hipersensibles han sido capaces de enfrentarse de forma constructiva a sus limitaciones. Ellos también, como la mayoría de las personas hipersensibles, se han adaptado a su entorno menos sensible. Ellos tampoco estaban centrados ni en contacto con su cuerpo. No son conscientes de su cuerpo y, por lo tanto, no son conscientes de sus límites. Y cuando los límites de estos padres han sido superados con creces, normalmente ya es siempre demasiado tarde para tener una reacción adecuada.

Cuando los demás traspasan nuestros límites, nos sentimos incómodos. Nos volvemos inquietos e irritables, nos estresamos y nos sentimos bajo presión. Nos tornamos agresivos. Cuanto menos nos percibimos y cuanto menos estamos en contacto con nosotros mismos, menos lo notamos al principio. Sucede que sólo cuando la «carga energética» ya no puede ignorarse, tomamos nota de ella, y a veces sólo, para nuestra propia sorpresa, cuando ya se está descargando. Nos enfadamos o estallamos y explotamos. Y si también nos lo negamos a nosotros mismos, implosionamos, nos tensamos, aparecen síntomas de enfermedad, se manifiesta el dolor.

THOMAS, un padre bonachón e hipersensible, observa con benevolencia el bullicio de sus hijos. De pronto, ya no aguanta quedarse más en el sillón, rompe el cenicero y lo lanza contra sus hijos. Grita que necesita un poco de paz y tranquilidad. Apenas puede contenerse para no llegar a las manos. Los niños se quedan paralizados, con la boca abierta, sin entender nada. Retroceden sin saber qué hacer. Parecen avergonzados. El juego ha terminado. Al menos por hoy...

EJERCICIO

Suele haber un patrón personal en la forma en que nos comporta-mos en situaciones en las que los demás o nosotros mismos cru-zamos la línea. Fíjate bien en tu reacción y piensa en una situación muy concreta.

- ¿En qué momento te has dado cuenta de que habías traspasa-do tu límite?
- ¿Cómo te has dado cuenta?
- ¿Qué percibías antes de este momento?
- ¿En qué estabas pensando antes de este momento?
- ¿Con qué actitud pensaste eso?
- ¿Qué sentías antes de este momento?
- ¿Qué sentías físicamente antes de este momento?

Rebobinemos un poco la película: Veamos con detalle lo que ocu-rrió antes.

- ¿A través de qué señales podrías haberte dado cuenta de an-temano de que se iban a sobrepasar los límites? ¿Son pensa-mientos? ¿Son sentimientos? ¿Son señales físicas?
- ¿Cómo has reaccionado exactamente? ¿Implosión o explosión? ¿Te has retirado o has agredido?
- ¿Qué pensaste después en ese momento? ¿Con qué actitud lo pensaste?
- ¿Cómo te has sentido en ese momento? ¿Hubo algún síntoma físico asociado?
- ¿Te ha hecho daño el hecho de haber sobrepasado los límites?
- ¿Hiciste daño a los demás a causa de tu propio dolor?
- ¿Cuáles son los «daños colaterales»? ¿A los demás? ¿A quién exactamente? ¿Cuál es el daño? ¿Cuál es el daño para ti mismo?
- Compara los daños.
- ¿Cómo te comportas después de haber traspasado ¡los límites?
- ¿Te retiras? ¿Rompes el contacto? ¿Pasas a la ofensiva? ¿Acu-sas? ¿Te disculpas? ¿Te adaptas aún más?

- ¿Qué causó o permitió el hecho de traspasar los límites?
- ¿Ha sido a propósito? ¿Querían atacarte o hacerte daño?
- ¿Se debió a malentendidos y falta de comunicación? ¿Quizá no diste ninguna señal o diste señales equivocadas de antemano?
- ¿Cómo podrías comportarte en el futuro?
- ¿A qué tienes que prestar especial atención? ¿Cómo puedes marcar y proteger tus límites? ¿Y cómo has de afrontarlo cuando te das cuenta de que, en realidad, has sido tú quien ha traspasado tus límites?

ANTONIA acaba de servir unas galletas a sus tres hijos. Sin embargo, el verlos ahora pelearse por los dulces le resulta excesivo para ella. De repente se le vuelve a dibujar en la cara su expresión de amargura, su boca se hace estrecha, mira fijamente. Los niños saben que hoy su madre, hipersensible, ya no les dirigirá la palabra. Antonia se encierra en su enfermedad. Los niños se sienten culpables. Ninguno vuelve a tocar las galletas.

Mucho más que otros padres, las madres y los padres hipersensibles corren el riesgo de sobrevalorarse, de sobrepasar sus propias fuerzas por pura buena voluntad y por su buena naturaleza. No se sienten a sí mismos, no perciben sus necesidades a tiempo, ignoran sus propias limitaciones y permiten que sus hijos vayan mucho más allá de estos límites. Tampoco se dan cuenta de que no son los niños los que hieren dichos límites. Son ellos mismos quienes lo permiten. No saben que los hijos se alejan y se alejan buscando sus propios límites y circunstancias claras hasta que se topan con las señales claras de sus padres.

Crecemos en nuestros propios límites
Quien crece como niño hipersensible en un entorno de una limitación impredecible siempre aprende sobre los límites de una forma muy desagradable: hiriente, relacionada con la violencia real o incluso sólo

amenazada o temida, o con el miedo a la violencia psicológica, a menudo mucho más peligrosa, en forma, por ejemplo, de privación del amor, de ruptura del contacto y de devaluación. Estas experiencias siempre dejan una profunda huella en todos los niños. En los niños hipersensibles, que a menudo lo pasan mal fuera, en los patios de recreo de este mundo en el que los chicos guais son los que marcan la pauta, las consecuencias resultan a menudo devastadoras. Pierden el que es, quizá, su último apoyo. Es comprensible que luego no quieran saber nada de límites. Quieren hacer las cosas de forma diferente a sus padres, y por eso suelen ser aún más tolerantes y mostrarse siempre comprensivos. Y es precisamente con estas buenas intenciones que luego, con demasiada frecuencia, van mucho más allá de sus propias facultades y límites reales.

Quien no conoció límites evidentes de niño tampoco ha experimentado la protección y el poder de su propio territorio. Igualmente no sabe lo fuerte que es en realidad, hasta dónde puede llegar ya su responsabilidad. Imaginará que sus fuerzas son demasiado grandes o estimará que son harto pequeñas cuando se le plantee una exigencia real. No ha disfrutado de la seguridad de unos límites claros y no puede, entonces, bajo la protección de unos límites seguros, ampliarlos lentamente en armonía con el fortalecimiento de sus poderes y crecer con ellos.

Las fronteras permiten el encuentro

Quien nunca conoció límites claros de niño no pudo experimentar que éstos proporcionan seguridad y permiten la armonía y la paz. Tampoco ha experimentado que uno se conoce a sí mismo en sus propios límites y que sus propias limitaciones lo hacen accesible y concreto para los demás. Así, tampoco sabe que la seguridad posibilita los encuentros.

Muy a menudo, las personas hipersensibles somos ciegas en lo que respecta a los límites. No conocemos nuestros propios límites y, en consecuencia, no podemos protegerlos ni hacerlos valer. Del mismo modo, carecemos de los conocimientos y de la experiencia necesarios para manejar los límites de los demás. Entonces, puede ocurrir que nos quedemos demasiado lejos de la otra persona por pura cortesía y atención, de modo que puede haber un intercambio de todo tipo de cumplidos, pero que no nos encontremos en absoluto en los límites reales. Uno no se encuentra en la valla del jardín, sino que sólo saluda de forma reservada desde la distancia. Pero también puede suceder que una persona hipersensible y sin sentido de los límites pase por alto alegremente todas las indicaciones de límites del resto, que con frecuencia tome posesión del territorio de la otra persona con buenas intenciones y le ofrezca su ayuda, que se apropie de todo o pise la tumba del perro al que acaban de enterrar.

Las personas hipersensibles a menudo nos quejamos de que los demás se nos acercan demasiado y no respetan nuestros límites, pero también somos nosotros mismos los que herimos al resto. Violamos nuestros propios límites y los de los demás. Ambos por una percepción equivocada y, a menudo, con la mejor de las intenciones. Con frecuencia, la falta de límites se justifica o se exagera con grandes ideales.

HACE DOS AÑOS, experimenté una pequeña recaída, y, sin querer, volví a transgredir los límites. Todo pudo deberse a un largo viaje en coche aderezado con agotadores atascos, o incluso a una acogedora cena con dos o tres copas de vino. Ya hacía tiempo que una pareja de músicos me había invitado a su casa. Y por fin surgió la oportunidad. Cuando, en la mesa, me enteré de que ambos se habían dejado literalmente «la piel» entre ensayo y ensayo antes de una gira, yo también sentí una fortísima necesidad de hacerme útil. Por eso, me ofrecí a llevar los platos a la cocina y a fregar, pero ambos rechazaron mi ofrecimiento. Aun así, los ignoré. Sin embargo, al llegar y comprobar el estado de la cocina y ver que no había ningún espacio libre para los platos, me di cuenta de que acababa de traspasar un límite.

Cuando se trata de ayudar o de sentirme útil, siempre debo tener especial cuidado de no recaer y pasar por alto los límites de los demás. En tu caso, ¿cuál es para ti el mayor peligro de sobrepasar los límites de los demás de forma bienintencionada? (Perdona si te he ofendido con mi pregunta?).

Siempre que se ignoran los límites entre las personas, se producen alteraciones del bienestar y, en casos más extremos, conflictos. Las personas hipersensibles, cuyo rasgo característico es la búsqueda del equilibrio y de la armonía, suelen ser las que, al ignorar los límites, provocan exactamente lo que menos desean: ¡una vida de tensiones, peleas y conflictos! Y como eso es justo lo que no quieren, a menudo buscan la solución tratando de ser aún más altruistas y pacíficas, todavía menos egocéntricas. En consecuencia, prestan menos atención a los límites y acaban perturbando su relación con los demás, lo que deriva en una vida cada vez menos armoniosa.

Cómo sentir tus límites

Mi propio límite es exactamente ese territorio en que me siento seguro y puedo desarrollarme y expandirme mejor, sin duda, el lugar donde más fuerte soy y mejor me siento. De ahí que sea capaz de percibirlo tan bien cuando de la sensación agradable paso a lo que incomoda a mi estado físico.

Por otro lado, el límite entre dos personas se ubica allí donde ambas se encuentran en la zona de su bienestar óptimo. A menudo, este lugar se encuentra dando pasitos muy pequeños. En este sentido, la hipersensibilidad puede ayudar a encontrar la distancia óptima entre cercanía y distancia.

EJERCICIO

Como bien dice el refrán, «más vale quedar con gana que caer en cama». Aplicado al comer, a veces un bocado más de eso que tanto nos ha gustado deja de sabernos tan bien, es como que ya no nos sienta bien. Ahí es exactamente dónde está el límite. Con el tiempo, a menudo perdemos este sentido físico por la educación que recibimos. Por eso, te animo a practicar en situaciones cotidianas para darte cuenta de ese punto en que lo agradable se convierte en desagradable. Sin duda, se trata de algo fundamental para aprender a decir basta en el momento adecuado.

Los límites entre las personas son los que hacen posible el contacto. De ahí que debamos ser capaces de poner límites. Hemos de saber que no tenemos que replegarnos y ceder siempre, no podemos ni debemos dejar que nos hieran o se apoderen de nosotros. Y, por supuesto, tampoco nosotros podemos herir ni apoderarnos de los demás. Cuando aprendemos a establecer límites, dejamos de sentir la necesidad de construir muros que nos separen de los demás, abandonamos la tentación de recurrir al último recurso que nos queda para, supuestamente, protegernos: romper el contacto con los de alrededor.

Esto es fundamental porque, al fin y al cabo, es justo en los límites donde podemos sentir al otro. Sus límites son sus contornos, y también protegen su alteridad. Y a la inversa, nosotros mismos tampoco somos accesibles para los demás sin nuestros límites, pues cuando no están les parecemos como obnubilados. Esto sucede en el caso de muchas personas hipersensibles que sienten que, en realidad, nadie las conoce de verdad y, por tanto, a menudo son pasadas por alto.

SVENJA, una joven bibliotecaria, en un seminario anterior se había quejado de su debilidad a la hora de ponerles límites a sus padres, que ya eran mayores: «Estoy haciendo progresos visibles: antes de mi visita, ya avisé a mis padres de que tendría que irme después del café. Permanecí completamente conmigo misma, y no di ninguna explicación. Me sorprendió que mis padres lo lamentaran, pero de alguna manera también lo aceptaron. Y yo me sentí mucho más relajada que de costumbre. Inconscientemente, aguardé sus intentos de persuadirme para que me quedara más tiempo. Cuando llegó la hora de marcharme, noté que a una parte de mí le habría gustado quedarse, a esa a la que no había prestado atención. Sin embargo, y tal y como había planeado, me fui. Pero todo sucedió en armonía. Por primera vez en años, enseguida tuve ganas de volver a verlos la próxima vez. Había reconocido y mantenido mi límite. Curiosamente, cuando me mostraba tan segura, mis padres aceptaban mis límites. En esta ocasió incluso podría haberme quedado más tiempo. Es decir, podría haber ampliado un poco mis límites. Pero eso ya lo empezaré a probar la próxima vez. Quizá. Cuando las cosas vuelvan a ir tan bien».

Ladrones de energía, los habituales gruñones de los cuentos

Muchas personas hipersensibles se quejan de que el contacto con los demás las agota. De ahí que, en un intento de no gastar tanta energía, muchas huyan de las relaciones sociales. Y a veces, si la persona altamente sensible se descuida, puede acabar excluida. Lamentablemente, las personas hipersensibles sufrimos enormemente las consecuencias de la exclusión. Muchas veces no nos damos cuenta de que, cuando nos aislamos, dejamos de acumular la energía derivada de la atención de los demás, con lo que podríamos decir que, en lo que a energía se refiere, nos quedamos vegetando en un segundo plano.

Obviamente, cuando el contacto con otros nos ha agotado y dejado sin energía, al final acabamos identificando a esas personas como la causa. Digamos que nos referimos a ellas como nuestros ladrones de energía, y entonces las evitamos. No obstante, y como suele ocurrir, la causa no es una, sino que son muchos factores, y a menudo muy diferentes de los que sospechamos. El hecho de no percibirnos a nosotros mismos y de no estar centrados en nosotros nos lleva a una pérdida constante de energía siempre que nos encontramos con otros. Como hemos visto, al conversar con alguien, muchas personas hipersensibles se centran en su interlocutor con todos sus sentidos y con su percepción y energía. Es más, imponen literalmente su energía a la otra persona, aunque sin darse cuenta. Y la otra persona puede aceptar el regalo con los brazos abiertos, o mostrarse reacia a aceptarlo, que también puede ocurrir.

No hay duda de que es mucho más fácil acusar a los demás de ser ladrones de energía que emprender el propio camino, asumir la responsabilidad personal y prestar atención a la propia energía. Dicho sea de paso, para robar siempre hacen falta dos: la persona que lo hace posible, lo permite o incluso lo ofrece, y la persona que cae fácilmente en la tentación y aprovecha de forma audaz esa oportunidad de robar. Es verdad que hay personas ansiosas por cargar la energía de los demás de forma unilateral, pero, por lo general, quienes lo hacen ni siquiera suelen conocer las energías, por lo que se dejan llevar por un estado de ingenuidad infantil. Las personas hipersensibles que no están consigo mismas, que no saben ponerse límites, ejercen de manera natural una atracción especial sobre estas personas. En otras palabras, aquellos que aprenden a estar consigo mismos y desarrollan una conciencia cada vez mayor a la hora de percibir son las que van atrayendo gradualmente a otras personas.

Requisitos previos para la limitación

¿Qué necesitamos para, paso a paso, aprender a fijar bien nuestros límites?

Centrarnos

He aquí el requisito básico para que el establecimiento de límites sea un éxito: ante todo, estar con uno mismo y percibirse físicamente. Quien no está consigo mismo puede separarse todo lo que quiera, pero lo único que hace es excluirse. De ahí que muchos de los métodos existentes para poner límites no consigan el efecto deseado en determinadas situaciones. Hazlo bien: primero llega a ti mismo a través de tu percepción y desde allí adopta tu propia posición.

EJERCICIO

Pregúntate de vez en cuando a lo largo del día: «¿Dónde estoy ahora mismo con mi percepción?». Piensa: ¿sigues sintiéndote tú mismo? ¿Ya eres capaz de estar contigo mismo y con la actividad que estás realizando en este momento? ¿Y cómo te sientes cuando estás en contacto con otras personas? ¿Ya eres capaz de seguir sintiéndote cuando estás hablando con alguien? ¿O te has puesto aún completamente ahí donde está tu interlocutor? ¿Puedes compartir la atención? Cuando estés con otras personas, cuando por fin logres percibirte a ti mismo, perderás menos energía, representarás mejor tu posición y te convertirás en un valioso interlocutor.

Adquirir habilidades para resolver conflictos

Quien quiera poner límites a los demás debe estar dispuesto y ser capaz de mantenerse consigo mismo. Debe defenderse. Evidentemente, al principio, cuando digamos: «No» o «¡Hasta aquí y basta!» (sin importar la elegancia con que transmitamos estos mensajes), a los otros no les gustaremos. Quizá, de pronto nos encontraremos sin la aprobación de los demás. Es posible que dejemos de sentirnos queridos. Pero da igual, tenemos que estar dispuestos a defender nuestros límites frente a las exigencias de los demás. Para las personas hipersensibles, esto suele suponer un gran reto, porque a menudo percibimos demasiado bien a la otra persona y sus exigencias. Sin embargo, los que aguanten serán los que se ganen el respeto y el aprecio de los demás.

Fomentar la autoestima y el amor propio

Quien se ama a sí mismo es más capaz de prescindir de la aprobación de los demás. Está seguro de su persona y dispuesto a ocuparse de sí mismo y de sus necesidades. Se apoya en sí mismo, reconoce sus capacidades y déficits, y también sus propios límites y sus limitaciones. Por lo general, esto suele ir también asociado a una buena relación con el propio físico. Al centrar y controlar nuestra percepción, nos percibimos a nosotros mismos desde nuestra posición. Y ello también nos permite valorarnos más.

Trabajar la capacidad de comunicación

Cuanto más hábilmente podamos expresarnos con el lenguaje, el lenguaje corporal y los gestos, más fácil nos resultará establecer nuestros límites. De este modo, sabremos cómo emplear el lenguaje en el momento adecuado y no nos costará reaccionar de forma dosificada y diferenciada. Cuando dominamos el arte de la comunicación en general, somos capaces de informar de nuestros límites de antemano para que la otra persona pueda reconocerlos y respetarlos.

Dolor, síntoma, enfermedad:
Cuando el cuerpo habla

Las personas hipersensibles llegan a adaptarse hasta tal punto que absorben más estímulos externos que sus propios sentimientos, y pierden, sobre todo, la conexión con su cuerpo. Así, a menudo se encuentran, por así decirlo, sin cuerpo y sin conexión con la tierra. Con frecuencia, sólo lo percibe el cuerpo como un apéndice molesto. De ahí que algunas personas hipersensibles intenten apuntalar su falta de integridad física con filosofías anticorporales.

> **CASI TODOS LOS HIPERSENSIBLES** se hacen eco de la sensación de no haber llegado realmente al cuerpo, como si todavía se resistieran a encarnarse. Una y otra vez se sigue luchando por el acceso al cuerpo y, por tanto, a la vida en la tierra. El descubrimiento y la aceptación del cuerpo se experimentan como un gran cambio, como un impulso para comprometerse finalmente con la vida tal como es y darle forma de manera activa.

Pero ni siquiera las personas hipersensibles que no se perciben a sí mismas viven sin su cuerpo. Tras ser pasado por alto durante demasiado tiempo, éste acaba llamando la atención a través del dolor y de los síntomas. Y eso ocurre siempre cuando una persona no centrada e hipersensible vuelve a sobrepasar con creces su límite. El cuerpo nos obliga a retroceder, alborota nuestros planes y nos los desbarata. Pone patas arriba nuestra vida. De este modo, se refuerza el desequilibrio con el cuerpo, al que entonces queremos aún menos porque sólo se presenta como un alborotador y una causa de dolor.

Cómo volver a reconectar con el propio cuerpo

Antes a mí también me pasaba: muchas personas hipersensibles sólo perciben su cuerpo cuando se sienten mal. Podríamos decir que únicamente experimentamos el cuerpo cuando está débil y frágil. La pierna dolorida, la espalda tensa, los ojos cansados, la sensación de ardor en el estómago, la pesadez del cuerpo, el cansancio y la sobreexcitación… La lista podría ampliarse a voluntad. En estos casos, falta claramente la percepción del cuerpo como fuente de una buena actitud ante la vida, de vitalidad y alegría, como sensor de coherencia y bienestar.

Uno percibe la pierna dolorida, le presta toda la atención que es capaz de reunir y ni tan siquiera tiene conciencia de la pierna sana. Se perciben las debilidades existentes y se ignoran los puntos fuertes que también existen. Con la percepción, siempre seleccionamos entre los estímulos aquellos que encajan en nuestro concepto y construimos para nosotros mismos nuestra imagen de la realidad en la que entonces vivimos. A menudo, seleccionamos los estímulos que nos molestan y que ya no podemos ignorar, y construimos una imagen de la realidad en la que somos débiles y en la que sólo hay agobios y sufrimiento. Nos privamos a nosotros mismos de la existencia de la salud y de la fuerza. De este modo nos debilitamos y aumentamos el dolor, los síntomas y la enfermedad. Y al hacerlo, volvemos a confirmar nuestro concepto, de acuerdo con el cual habíamos seleccionado los estímulos.

EJERCICIO: APRENDE A PERCIBIR LA VITALIDAD

Recorre lentamente tu cuerpo con tu percepción. Empieza por los pies, más concretamente por las plantas de los pies. Luego, poco a poco, vete subiendo. Arriba, más arriba. Observa todo lo que está sano en ti. Siente tu vitalidad y tu energía. Registra la interacción de todo aquello de lo que resulta tu salud.

¿Notas también los cambios que se producen en tu cuerpo con sólo centrar tu atención en él? Al fijarte en tu cuerpo, tienes la oportunidad de corregir pequeñas cosas. ¿Pruebas a respirar más profundamente, a sentarte recto, a soltar tensiones, o sientes sed o necesitas moverte?

Cuando te percibes de esta manera, cambias la relación contigo mismo. Te tranquilizas, porque de este modo los estímulos externos se desconectan. Estás contigo mismo y centrado de forma energética. Sientes tus necesidades y puedes cuidarte mejor. Te vuelves consciente de ti mismo y te haces responsable de ti y de tu bienestar.

Acostúmbrate a repasar regularmente tu cuerpo y fíjate en todo lo que está sano en él. Por último, le vas a dar a tu animal de costumbres también un capricho. Un mimo que, por cierto, no te cuesta nada. ¿O es que siempre come sólo lo que ya conoce? Sientes tu respiración, el latido de la sangre en tus venas, el calor, la elasticidad de tus músculos, la fuerza que te levanta y te mantiene erguido, la alegría que resulta de una energía que fluye. Puedes reconocer el milagro de tu cuerpo, confiar en su funcionamiento y sabiduría, y dar gracias por tu cuerpo. ¿O quieres prestar atención a tu cuerpo sólo cuando te lamentas por su buena salud anterior? También es tu actitud afirmativa la que mantiene este cuerpo sano.

Por cierto, aquí no se trata de sustituir el pensamiento y la percepción negativos unilaterales por el pensamiento y la percepción positivos unilaterales, y de barrer el sufrimiento bajo la alfombra con la verdad y la mentira a medias del pensamiento positivo. Muy al contrario, es importante percibir tanto las debilidades físicas como las fortalezas para así poder tomar las medidas adecuadas a tiempo y mantener nuestra salud.

La interacción de la sobreexigencia y la infraexigencia

De nuestra ambición y exagerado perfeccionismo, así como, por un lado, de la falta de autoevaluación de nuestras posibilidades y límites, y, por otro, de la percepción unilateral del cuerpo como débil y necesitado surge a menudo un conflicto fatal que conduce a un gran dilema en muchos de los afectados.

El lado exigente nos desafía, nos impulsa, de modo que nos esforzamos en exceso y superamos con creces nuestros límites. Entonces volvemos a sentirnos débiles. Como resultado, se presenta la necesidad de descansar, de retirarnos y recuperarnos. A la hora de ese retiro, el lado exigente vuelve a aprovechar la oportunidad para aumentar aún más las exigencias, lo que sólo conduce a una nueva sobreexigencia de uno mismo. Cuando alguien sigue una y otra vez sin respetar los propios límites, el cuerpo al final se crea su propio espacio para recuperarse a través de síntomas o pequeñas enfermedades. Ahí es cuando sí o sí nos vemos obligados a disfrutar de nuestro descanso, que a su vez es utilizado por la otra parte para aumentar las exigencias nuevamente, lo que a su vez conduce a… Como se ve, éste no es sino un peligroso círculo vicioso que puede conducir al derrumbamiento y al agotamiento.

CONSTANZE, antigua jefa de diseño en la industria de la moda, afirma: «En mi anterior trabajo, me pasaba el día enferma. Me exigía demasiado. Hoy sé que en realidad los demás no me exigían tanto. De alguna manera, yo había asumido todas las exigencias que me imponía el entorno y las había sumado a las mías. Nunca me pregunté cuánto podía dar y qué se me exigía realmente. Y cuando se convertía en demasiado para mí, llegaba la migraña y tenía que retirarme y abandonar. Tras eso, tenía mucho con lo que ponerme al día de nuevo, y tampoco quería dejar el trabajo a mis compañeros. Además, su desempeño no me parecía lo suficientemente bueno. Por todo ello, nunca quería aceptar ninguna ayuda. De igual manera, evitaba que nadie pudiera asomarse a mi caos, que se había ido formando poco a poco. Y también me remordía la conciencia. Así que volvía a empezar. Para entonces, hacía tiempo que la migraña se había instalado de nuevo y tenía que tomármelo con calma otra vez. Entre que estaba agobiada y enferma, casi me muero en aquella etapa». Yo también podría haber contado una historia similar de mi época de editor.

El conflicto se mantiene vivo precisamente porque no reconocemos la relación entre la sobreexigencia y el cuidarnos. Y, por lo general, este conflicto se agrava siempre. Cada vez gastamos más energía para equilibrar las tensiones y luego no conseguimos realmente nada. De este modo, los afectados se van desangrando poco a poco. E igualmente los síntomas se agravan. De hecho, por lo general, tienen tendencia a cronificarse. Ya sean tensiones musculares o migrañas, problemas gastrointestinales o tinnitus, alteraciones urinarias, propensión a resfriados, fibromialgia… La lista de síntomas podría extenderse indefinidamente.

Por supuesto, nunca deben pasarse por alto los exámenes y los tratamientos médicos. No obstante, en estos casos, éstos no siempre conducen a solucionar el problema. Cuando no se conocen realmente las verdaderas causas, el tratamiento a menudo se convierte en parte del sistema de sobreexigencia e infraexigencia que va escalando.

Llegados a este punto, cabe decir que no tiene sentido pensar en un «término medio razonable» entre los polos de la sobreexigencia y de la infraexigencia. El conflicto interior no puede resolverse sólo en la cabeza. Recordemos que es precisamente el hecho de pensar el que contribuye significativamente a este dilema o incluso permite que surja una y otra vez.

La solución está más bien en la percepción del propio cuerpo y en el cambio de los patrones de percepción. Ése es exactamente el punto débil de las personas hipersensibles que se han adaptado. No se perciben a sí mismas, tampoco son conscientes de sus propias necesidades, desconocen sus posibilidades y sus límites concretos. Y aquí es justo donde los síntomas, los dolores y las enfermedades crónicas desempeñan su papel, ya se trate de tinnitus, de tensión muscular, de migrañas o de infecciones gripales recurrentes. ¡Los problemas de salud se convierten en los guardias que vigilan nuestros límites! Cuando las personas hipersensibles ya han superado con creces sus límites, éstos entran a toda prisa en acción: la migraña obliga a dejar de trabajar o a ceder ante un conflicto, el zumbido de oídos nos hace retroceder, la hiperactividad de la vejiga exige de forma insistente escapar de lo que se percibe como una situación abrumadora, y un largo etcétera. Con el tiempo, estos síntomas se hacen sentir antes cada vez, ya incluso desde el momento en que uno se va aproximando demasiado a sus límites. Y si al principio nuestra sintomatología nos hace conscientes de nuestros límites, con el tiempo nuestros límites son los que se van acercando cada vez más a nuestro alrededor. Porque acaba sucediendo que los síntomas crónicos determinan cada vez más nuestra vida y la limitan sobremanera.

Por lo general, no se trata de interpretar el cuadro particular del órgano afectado de forma individual, sino de reconocer la función del síntoma dentro de un contexto sistémico creciente, de cambiar el curso de los acontecimientos y, por lo tanto, de este sistema.

Aún más que no percibirse a sí mismo: Ignorarse a sí mismo

Todo es diferente en el caso de aquellas personas hipersensibles que en algún momento de su infancia tomaron la decisión de no permitirse ninguna debilidad. Éstas, a menudo, han aprendido a experimentar los sentimientos como algo peligroso porque podrían debilitarlas, reprimirlas y volverlas fácilmente manipulables. Por lo tanto, pasan por alto todo lo que pueda hacerlas débiles y esté relacionado con los sentimientos, de ahí que incluso tiendan a ignorar posibles reacciones y síntomas. De un modo asombroso, se identifican con un concepto de fuerza y aguante, y durante mucho tiempo ignoran por completo los síntomas y las debilidades porque no encajan en absoluto en el concepto que tienen de su propia realidad.

Cuando la contradicción entre la imagen que se tiene de uno mismo y el estado de salud real se hace demasiado evidente, la enfermedad, por lo general grave, ya no puede pasarse por alto. Y este concepto de fuerza a veces, tristemente, se paga incluso con una muerte prematura. Querido lector, tú no dejes que llegue a eso.

Vivir mejor el día a día

Aprender a centrarse en uno mismo y a ponerse límites mediante el control de la propia percepción es la clave para que la hipersensibilidad deje de ser una carga y pase a convertirse en un don en tu vida.

El presente capítulo se centra principalmente en los contextos sociales en los que nos movemos: nuestro trabajo, las amistades, las relaciones de pareja y los comportamientos conflictivos. En los próximos apartados aprenderás más formas de influir activa y constructivamente en los hábitos de pensamiento y patrones emocionales desfavorables. El resultado si lo pones en práctica: dejarás de estar expuesto a estímulos externos sin estar protegido, cuidarás mejor de ti mismo y vivirás más relajado y en armonía con los demás. ¡No lo dudes!

Mayor resistencia al estrés

Las personas hipersensibles recibimos más estímulos que los demás, y, además, de forma más intensa. También tenemos una mentalidad menos prejuiciosa y estereotipada, y con demasiada frecuencia somos incapaces de poner límites. Como consecuencia, tenemos más estímulos que procesar, nos enredamos más en ellos y nos consumen más tiempo. Por lo general, nos enfrentamos a más retos que el resto de la gente y nos estresamos. Asimismo, a menudo percibimos el mundo como agobiante y amenazante. Y con esta actitud ante la vida, cómo no, somos aún menos resistentes al estrés.

Cuando todo cambia: «Sobreexigencia de adaptación»

Las personas hipersensibles son las primeras en darse cuenta de los cambios que se están produciendo a su alrededor, y, al tiempo, perciben antes la necesidad de evolución y renovación. De igual modo, son las que suelen necesitar más margen que los demás para adaptarse a las situaciones cambiantes. Integran la nueva información con más fuerza y precisan más energía para hacerlo. Por eso, en una época de cambios cada vez más veloces, conviven con más dificultades que las personas menos sensibles. En este contexto, esta «sobreexigencia de adaptación» provoca estrés. Y este estrés surge no sólo en el caso de cambios que no son precisamente bienvenidos, sino incluso cuando se dan innovaciones agradables y deseadas si éstas llegan demasiado deprisa y, por tanto, se experimentan como agobiantes.

Las contradicciones internas y externas causan estrés

Las personas hipersensibles sufrimos a menudo la brecha entre las elevadas exigencias que nos imponemos a nosotras mismas y la incapacidad de estar a la altura de dichas exigencias. Además, también percibimos especialmente bien las pretensiones y exigencias que nos plantean los demás. De hecho, a menudo somos incapaces de separar las contradicciones y tensiones de nuestro entorno. Igualmente, están aquellas tensiones que muchas personas hipersensibles tienen con su entorno, que a menudo les resulta extraño y perturbador. Con demasiada frecuencia también existe un conflicto interior entre sus pautas de adaptación y su naturaleza real. Así, en conjunto, estas tensiones provocan un peligroso estrés permanente. Y si a ello le añadimos el estrés actual, todo se desborda en un abrir y cerrar de ojos.

Solemos ser nosotros mismos los que aumentamos nuestro estrés creando resistencia, ya sea a nuestro propio yo (el cual no aceptamos), a otras personas (a las que tampoco aceptamos tal como son), a las «circunstancias» (pues en realidad queremos cambiarlas) o a los cambios (los cuales no podemos detener). Darse cuenta de esta resistencia es un primer gran paso para dejarla ir.

REFLEXIÓN

Las personas hipersensibles asumen fácilmente el estrés de los demás. Es por eso que también nos estresamos de repente sin conocer la causa. El estrés cambia el flujo en nuestro sistema energético y se transmite en forma de energía. Cuando percibas estrés en ti, pregúntate: ¿de quién es realmente este estrés? ¿Es de verdad mío? ¿Te sería posible dejar el estrés en manos de la otra persona para impedir que la tensión siga aumentando? Esto también sería constructivo para la otra persona.

Si quieres ser más consciente de tu estrés, atrévete a preguntarte qué te estresa en este momento: ¿hay demasiados estímulos externos? ¿Tienes que hacer frente a demasiados cambios a la vez? ¿Te enfrentas a un reto? ¿Es una exigencia que te impones a ti mismo? ¿Tienes un conflicto interior? ¿Tienes un conflicto con otra persona o con circunstancias externas? ¿O bien se trata de un conflicto que quizá ni siquiera tú tendrías que afrontar?

Estrés: ¿controlable o incontrolable?

La reacción de estrés mediante liberación de adrenalina, taquicardia, respiración más intensa, etc. es innata, pues nos permite reaccionar rápidamente en caso de peligro. Claro está, siempre existirán desencadenantes de estrés: peligros y amenazas, cambios y retos, conflictos… Luego ya, para experimentar estrés resulta decisiva la cuestión de si podemos controlar la situación o si ésta nos parece incontrolable. Cuando podemos controlar el estrés, la amenaza se convierte en un reto del que salimos más crecidos. En estos casos, el miedo se convierte en valentía y confianza. Las experiencias constructivas a la hora de afrontar los retos, el conocimiento y la prudencia, nuestra propia fuerza y el apoyo de los demás siempre contribuyen a ello.

La situación que desencadena el estrés se vuelve incontrolable cuando nos sentimos agobiados e impotentes, cuando las exigencias son demasiado altas, cuando faltan conocimientos y métodos, cuando los demás no confían en nosotros o nos asustan aún más, cuando dejamos que esto nos afecte y llegamos a dudar incluso de nosotros mismos. Entonces, crece el miedo. Ahí uno se debilita y no puede estar. Así, la persona tampoco aprende de qué manera y cómo sería capaz de enfrentarse a tal situación.

Las personas hipersensibles pierden antes la orientación de sus vidas, de ahí que sus reacciones al estrés se vuelvan incontrolables. Cuando han sacrificado su percepción del cuerpo por la adaptación, desconocen por completo su fuerza real y no tienen ni idea de los límites de su resistencia. Si se sobreestiman, van abocadas a la derrota y, como resultado, luego se subestimarán, lo que a su vez aumentará incontrolablemente su estrés ante los retos.

Además, las personas hipersensibles a menudo también tenemos que enfrentarnos desde la infancia al hecho de que normalmente uno de los progenitores, a veces ambos, es también hipersensible y tampoco ha podido nunca afrontar de forma constructiva las situaciones estresantes. En esos casos, el niño se encuentra expuesto a un desencadenante adicional de estrés ante cualquier tipo de reto que se presente en su vida. Con su propia reacción al estrés, la madre o el padre no sólo no ofrecen ningún apoyo al niño, sino que tampoco confían en sus habilidades para afrontar la situación. Además, agobian al niño con el miedo que ellos sienten. En tales casos, el pequeño se ve inmerso en una guerra de dos frentes a la que es aún menos capaz de sobrevivir. Por si fuera poco, debe tranquilizar a sus padres y no puede confiar en ellos. Está solo. Así, muy pronto tendrá aún menos confianza en sí mismo, y los retos de la vida le causarán un estrés cada vez más incontrolable.

Cuando las terapias antiestrés, en realidad, debilitan

Muchas personas estresadas hacen lo que buenamente pueden para lidiar con su estrés. Practican deporte, dedican tiempo a descansar, se aíslan del mundo, hacen entrenamiento autógeno o meditan. No obstante, y pese a las buenas intenciones, no todos los caminos llevan al objetivo deseado. Algunos esfuerzos tienen incluso el efecto contrario y hacen que las personas se tornen todavía más susceptibles al estrés.

La meditación, por ejemplo, suele ser un método muy eficaz. Sin embargo, cada uno tiene que buscar conscientemente el tipo de ejercicio individual adecuado para conseguir de verdad el efecto deseado. Así, las formas de meditación que no implican el cuerpo ni el movimiento suelen resultar inadecuadas para los europeos, que suelen moverse muy poco y que tienen muy poco contacto con su propio cuerpo y son más intelectuales. En el caso de las personas hipersensibles, pueden llegar a ser incluso perjudiciales.

NATASCHA tiene 43 años y trabaja como empleada de banca: «Mi médico me recomendó el entrenamiento autógeno. Al principio parecía que me iba bien lo de tumbarme y sentir el peso en mi cuerpo, por ejemplo. Con el tiempo, sin embargo, desarrollé una especie de reticencia a hacerlo. Me tranquilizaba, pero también acababa con una sensación de flojera que me hacía sentir cansada incluso después. Hoy hago Qi Gong, una disciplina con la que no sólo consigo relajarme y reducir el estrés, sino que de alguna manera me hace sentir en mi centro, siento mi energía y una especie de poder relajado y presencia espiritual. Tras los ejercicios, estoy más tranquila y al mismo tiempo me siento agradablemente despierta. A menudo, hasta tengo la necesidad de hacer algo después».

VALESKA cuenta tras una conferencia: «En la meditación que había hecho siguiendo los casetes, subía cada vez más, por así decirlo, y me abría aún más. A veces pensaba: éste es el único estado en el que quiero seguir estando. Cuanto más me disolvía en el cosmos, más me agobiaba luego la vida cotidiana, como si todos los estímulos se me vinieran encima».

KAREN (57 años) es directora de un colegio: «Con el tiempo, durante la meditación sentada, me sentía cada vez más inquieta y nerviosa. Me volvía cada vez más dura conmigo misma y me esforzaba en ser más disciplinada para contener la inquietud. De alguna manera lo conocía desde mi infancia. Hoy sé que todo era inútil. No era más que otra variante del viejo juego de ajustarme al rendimiento y a las normas e ignorar constantemente mis propias necesidades y límites».

Muchas personas hipersensibles de por sí carecen de contacto con el cuerpo, sienten demasiado poco sus límites, no están lo suficientemente enraizadas y centradas. Y, además, muchas optan por someterse también a la meditación, que borra los límites, trasciende y deshace aún más. El resultado es obvio: la persona se vuelve aún más susceptible, amenaza con apartarse y se torna más susceptible al estrés si cabe. Y luego a veces hasta intenta contrarrestar esta evolución meditando todavía más… Si a esto le sumamos que las personas altamente sensibles llevamos todo en cuanto a ideología al extremo, esta evolución errónea suele pasar desapercibida durante mucho tiempo. Por eso, sólo quienes están centrados y se mantienen con los pies en la tierra se pueden permitir dar los siguientes pasos en su desarrollo y, en algún momento, quizás hasta abrirse al todo y a lo trascendente sin riesgo a perderse ni a caer.

Especialmente útiles para las personas hipersensibles son los métodos de meditación que contribuyen a tener los pies en la tierra y a sentirse centrados energéticamente hablando. El taichi, el Qi Gong y el yoga son ejemplos de ellos. Con toda la orientación espiritual, se aprende al mismo tiempo a percibir el propio cuerpo y la propia energía, y a ser cada vez más conscientes de ellos. Para muchas personas hipersensibles, es importante no sólo ver su propio cuerpo como cuna del dolor, de la debilidad y de la dificultad. Han de verlo como punto de partida para sentir la energía, la pulsación de la vida, la respiración y una agradable tensión muscular. Esta visión es, sin duda, imprescindible para acceder y fortalecer la propia fuerza y resistencia reales.

Dos posibles maneras: Reduciendo la adrenalina y aumentando la oxitocina

Toda persona que esté estresada durante el día debería reducir por la noche la adrenalina producida. Esto puede hacerse mediante la actividad muscular y el movimiento. No obstante, es comprensible que, cuando se está demasiado cansado, resulta difícil sacar fuerzas para salir a correr, a hacer ejercicio en el gimnasio o a dar un paseo. Sin embargo, toda la adrenalina que no se libera te hace aún menos resistente al día siguiente. Por ello, la resistencia al estrés disminuye de un día para otro.

Muchas personas estresadas que han tenido que soportar mucho ajetreo durante el día esperan impacientes poder pasar una tarde tranquila, solas y ausentes. No obstante, cuando se quedan solas, tampoco pueden producir el antagonista de la adrenalina, que puede utilizarse para reducir el estrés de otras formas: la oxitocina. Esta hormona, que madre e hijo desarrollan durante la lactancia, también se produce cuando uno es cariñoso o incluso al experimentar la cercanía de otras personas, en definitiva, siempre que sientes cerca apoyo y familiaridad.

Una persona hipersensible que está tan estresada que no puede sacar fuerzas para hacer deporte y ejercicio, que no tiene ganas de socializar y prefiere quedarse sola porque únicamente desea paz y tranquilidad, no siempre consigue el descanso que espera. E incluso puede ser que se debilite aún más.

Los que ya no pueden reunir la energía necesaria para dedicarse a sus propias actividades corren el riesgo de refugiarse en la vida irreal que ofrece la televisión. El movimiento y los contactos no reales ahogan las necesidades de verdad, que se quedan insatisfechas para siempre. Uno continúa estando necesitado, con una carencia que no se puede paliar ante el televisor. Aunque pueda sorrpender, la carencia y la soledad también provocan estrés, si bien esta forma de estrés se percibe de otra manera. Quien vive así se debilita sistemáticamente a largo plazo, pues, al final del día, sólo ha sustituido un estrés por otro.

LA REDUCCIÓN DEL ESTRÉS ES AL MISMO TIEMPO PROFILAXIS DEL ESTRÉS

Si hoy reduces tu estrés practicando deporte, ejercicio o conociendo a otras personas, mañana ya podrás hacer frente a un poco más de estrés.

Cuando no hay otros factores que contrarresten este desarrollo y rompan el bucle de control creciente, son bastantes las personas que acaban agotadas y quemadas y, a menudo, también perdidas social y económicamente. Mucha gente hipersensible sigue este camino sin darse cuenta de lo que se está causando a sí misma con tanta protección y exclusión.

Cuando las cosas se ponen difíciles: ¡Los hipersensibles saben mejor que nadie dónde está el salvavidas!

Quiero presentar un fenómeno extraño, al cual casi todos los pacientes y participantes en mis seminarios pueden aportar sus propios ejemplos. En situaciones cotidianas, las personas menos sensibles tienden a ser más capaces de actuar y tomar decisiones que las hipersensibles.

Sin embargo, en situaciones extremadamente peligrosas, esto se invierte. Cuando todo el mundo corre como pollo sin cabeza y no sabe qué hacer, de repente son los hipersensibles los que reaccionan y actúan. Sí, esas veces somos nosotros los que tenemos la visión de conjunto y tomamos valientemente las medidas necesarias. Entonces no volvemos terriblemente temerarios, nos llenamos de arrojo y no nos importa luchar. Sin duda, una extraña contradicción.

Casi parece como si de repente «funcionáramos» según unas reglas y un programa completamente distintos. Se nos olvidan las dificultades a la hora de tomar decisiones y las complicaciones que nos creamos, y nos centramos únicamente en lo importante, que bien sabemos de qué se trata ahora.

Te animo a entrar en este estado para afrontar mejor los retos diarios de la vida. Te aseguro que ya sólo el hecho de ser consciente de tener este lado soberano en uno mismo cambia por completo la actitud ante la vida y el concepto que tenemos de cada uno. Cualquier persona hipersensible que haya experimentado esto por sí misma y conscientemente podrá afrontar la vida y sus desafíos con mayor confianza. Precaución: Éste lado no debe nunca confundirse con esa vertiente demasiado exigente y muy habitual en las personas hipersensibles que demanda rendimiento y adaptación a la norma. No, cuidado, que aquí no se trata de ese lado que le exige a uno siempre demasiado.

REFLEXIÓN

1

- ¿Recuerdas una situación en la que estuvieras estresado?
- ¿Con qué pensamientos reaccionaste al reto externo y a la reacción de estrés que se estaba creando en tu interior?

- ¿Con qué sentimientos respondiste al desencadenante de estrés y a la reacción de estrés?
- ¿Cómo reaccionaste físicamente?
- ¿Cómo te comportaste después?
- ¿Y cómo avivó eso a su vez todo el asunto?

2

- ¿Qué y cómo tendrías que pensar para aumentar tu respuesta al estrés?
- ¿Qué sentimientos habrían incrementado aún más tu respuesta al estrés?
- ¿Qué reacciones físicas habrían contribuido todavía más a tu estrés?
- ¿Y qué tipo de comportamiento habría llevado la situación a un punto crítico?
- ¿Cómo habría escalado todo el asunto entonces?

3

- ¿Con qué pensamientos podrías responder constructivamente, y sin engañarte a ti mismo, al reto externo y a tu respuesta de estrés en curso para que el estrés no se te vaya de las manos?
- ¿Qué sentimientos serían adecuados en dicha situación para limitar la respuesta de estrés?
- ¿Qué reacciones físicas (postura, respiración...) tendrían efecto en ti para que el estrés no aumentara más?
- ¿Qué comportamiento habría sido constructivo para ti como reacción al desencadenante del estrés y a la reacción de estrés que se está produciendo en tu persona?
- ¿Y cómo afectaría eso a su vez a toda la situación?
- ¿De qué manera puede afectar esta idea a tu comportamiento futuro ante los retos?

La imagen de las personas hipersensibles y nuestra relación con el estrés es muy contradictoria. Muchos de nosotros tenemos que aprender y entrenarnos para afrontar los retos. Es más, la mayoría de las veces, nuestra forma de reaccionar instintiva tan sólo intensifica y aumenta el estrés. Por eso, si modificamos conscientemente estos procesos, nos será posible controlar constructivamente nuestra reacción innata al estrés y desarrollar una mayor tolerancia a éste. Y para ello, nuestro don de la hipersensibilidad puede contribuir de un modo decisivo.

Las personas hipersensibles pensamos de forma diferente

Como recibimos más estímulos que los demás, también nos vemos obligados a procesar más estímulos. ¿Cómo afecta esto a nuestro pensamiento y, por lo tanto, a nuestro trabajo y a nuestra vida profesional?

Por lo general, incluimos más información en nuestras reflexiones que otras personas. Cuando nuestra capacidad intelectual es grande, esto puede resultar una ventaja. En estos casos, nos sentimos más motivados porque tenemos la oportunidad de desarrollar nuestra capacidad de pensamiento diferenciado y complejo desde una edad temprana. Potencialmente, digamos que podemos acercarnos a cumplir el requisito de la integralidad en el pensamiento.

Sin embargo, ¿la mayor recepción y el procesamiento ampliado de estímulos tienen realmente un efecto beneficioso en todas las personas hipersensibles? Para comenzar, esta diferenciación mental puede tardar más tiempo en llegar a resultados claros. Nuestro pensamiento a menudo carece de enfoque, pues nos falta la propia posición. Por lo tanto, aunque puede ser más objetivo, con frecuencia no tiene la imprescindible conexión con el cuerpo, de modo que no puede comprobarse por sí mismo, resulta imposible ver la coherencia del resultado. En esos casos en que la persona hipersensible llega a dudar de lo que es verdad, piensa todavía más y trata de orientarse a partir de los pensamientos de los demás para, por lo menos, llegar a una conclusión.

Con la pérdida de la referencia al cuerpo y a la propia posición, se pasan también por alto los intereses personales y, lo que todavía es peor, la inclusión de los propios límites, el punto de vista de si lo que pensamos es factible o no. Así, o se adapta a los demás o se desvía. Y en casos extremos, el pensar y el pensar de forma continua simplemente sustituye a la acción.

En términos energéticos, esta forma de pensar conduce a una sobrecarga mental con la que la percepción del cuerpo y de los propios límites queda aún más rezagada. Y esta concentración de energía referente al hecho de traspasar los propios límites acaba dejándose sentir en los síntomas que ya hemos enumerado antes.

Si no entrenamos el pensamiento, éste carece de precisión, objetividad y claridad. Se torna muy subjetivo, se mezcla con pensamientos, sentimientos, opiniones, pretensiones teóricas y resentimientos, y termina enredándose en un lío de detalles y consideraciones, de tal manera que con demasiada frecuencia se pierde y no conduce a ningún resultado. Sucede que uno se siente llevado de un lado a otro por este pensamiento, y lo acaba sufriendo tan pasivamente como su percepción. Para salir del círculo, es habitual que la persona acabe renunciando a su responsabilidad y opte por dejarse determinar por las consideraciones de los demás o incluso por las convenciones.

Un conflicto entre el pensamiento propio y el de los demás

Las personas hipersensibles no sólo somos capaces de pensar de una forma más diferenciada, profunda y detallada que los demás, sino que también logramos empatizar con el pensamiento del resto. Recibimos abiertamente los pensamientos de los otros y casi siempre los seguimos como si fueran nuestros propios pensamientos.

Puede ocurrir, y ocurre, que una persona hipersensible, en una conversación con otro interlocutor, se pierda en la posición, el punto de vista y las líneas de pensamiento de esa persona. Esto puede llegar tan lejos que le cueste volver a encontrarse a sí misma, su posición, su punto de vista y sus intereses.

El pensamiento propio de una persona hipersensible suele ser más radical y ajeno al de los demás, puesto que se basa en una percepción más amplia y a menudo profunda, y aspira a una mayor pretensión de armonía, justicia y perfección. Puede parecer muy subjetivo, pero no acostumbra a estar determinado por la propia posición ni por intereses personales. Por eso es capaz de cuestionar posiciones muy arraigadas. Incluso cuando se trata de contenido político, este pensamiento suele resultar para los otros demasiado categórico para tratarse de política en sentido estricto.

Normalmente, uno acaba sintiéndose solo con esta forma de pensar. En especial para los niños, resulta una fuente de enorme inseguridad. Por eso, de esta experiencia surge un conflicto interior entre el pensamiento propio, diferenciado y profundo, y el pensamiento de los demás. A menudo uno adapta sus pensamientos, deja de confiar en el suyo propio, lo obstaculiza con dudas o lo ignora, y, al final, termina dejándose atrapar por él.

Falta de confianza en la propia mente

Son muchas las personas hipersensibles que no confían en su propia mente. Se sienten solas cuando se atienen a sus propias percepciones y siguen su propio pensamiento. Además, viven en un conflicto constante entre su pensamiento adaptado a la hora de encontrarse y su propio flujo de pensamientos, que suele retrasarse y a menudo se produce demasiado tarde y de forma brusca. Para otras, por el contrario, esta ruptura puede ser visible y perturbadora. Los pensamientos propios de la persona hipersensible se presentan como una obstinación, a menudo desafiante y rígida, radical y desapegada respecto de la práctica real de la vida. Cuando la persona hipersensible se funde con otra persona, rompe de repente con sus propios pensamientos, pues con frecuencia se enfrentan a los de los demás.

Con independencia de que haya o no hipersensibilidad, por lo general todo el mundo está solo con su pensamiento. No existe un libro de instrucciones para aprender a usar el cerebro. Tampoco nadie nos enseña a pensar ni a conocer las diferentes formas de hacerlo. Ni siquiera en Matemáticas aprendemos algo que nos ayude a lidiar con nuestro pensamiento. Así, damos por sentado que lo de pensar se rige por el principio de ensayo y error. Todo lo que ocurre en nuestra cabeza, cómo llegamos a qué resultado, permanece superoculto en la caja negra del cerebro.

Probablemente lo relacionado con el pensamiento lingüístico lo vamos aprendiendo al escuchar los pensamientos de otras personas, y también al adoptar los procesos de pensamiento de determinados modelos de conducta. Justo esto tiende a ser problemático para los hijos hipersensibles de padres hipersensibles, que a su vez van y vienen también en su propio pensamiento, pues sus patrones de pensamiento están llenos de contradicciones y conflictos, tienen incoherencias y quizás incluso albergan todo tipo de prohibiciones de pensamiento, tijeras y tabúes en la cabeza, pues unos y otros recortan su realidad mental cuando ésta se vuelve demasiado explosiva para ellos. Lamentablemente, las dificultades con el pensamiento se transmiten y pueden reforzarse todavía más en el niño.

Esa posibilidad de poder pensar en una misma cosa de distintas maneras lleva a la confusión a muchos de los afectados, pues se sienten desorientados en su propia cabeza. Llega un punto en que no saben qué hacer cuando se dan cuenta de que, en realidad, no son dueños de su propio pensamiento. La toma de conciencia de la relatividad e influenciabilidad de los pensamientos y la experiencia de poder pensar de un modo u otro abre las puertas a percibir y cuestionar el propio pensamiento desde la distancia. Sólo entonces se es capaz de pensar sobre el propio pensamiento y de controlarlo uno mismo. ¡Y eso sí es pensar conscientemente!

REFLEXIÓN: PENSAMIENTO CONSCIENTE
- Por cierto, ¿en qué estabas pensando ahora mismo?
- ¿Sabías que estabas pensando eso?
- ¿Es eso lo que querías pensar?
- ¿Quién o qué está pensando realmente aquí?

Si percibes lo que piensas, también puedes pensar sobre lo que piensas, por lo que puedes decidir si quieres pensar de esa manera o quizá de otra muy distinta. Cada vez piensas más conscientemente, y eso se traduce en una mayor libertad para ti. Sólo así te harás realmente dueño de tu propia cabeza.

También a la hora de pensar, las personas hipersensibles nos enfrentamos a la disyuntiva de sufrir por nuestro don, experimentarlo como un déficit o desarrollar conciencia. En el campo del pensamiento, esto significa o bien estar a merced de los patrones de pensamiento ajenos y de los propios patrones de adaptación, vivir en un conflicto interno permanente entre la adaptación y la obstinación forzada, dejarse dominar por los viejos hábitos de pensamiento, o bien ocuparse responsablemente del propio pensamiento, pensar activa y conscientemente y desarrollar las cualidades de este pensamiento.

El adversario está en tu cabeza

La presencia y el desarrollo de la inteligencia siguen sin decirnos nada sobre cómo se utiliza un cerebro, qué resulta del pensamiento y de qué manera afecta eso al propietario de dicho cerebro. El pensamiento puede contribuir constructivamente al desarrollo y promover la felicidad, la alegría y el éxito. Sin embargo, la inteligencia también puede utilizarse para adaptarse, para no destacar, para impedir la propia felicidad, borrar la alegría y el éxito, inhibirse y perjudicar el propio desarrollo. En estos casos, esa persona alberga en su interior un enemigo secreto especialmente inteligente contra el que se siente casi indefenso si no recibe una ayuda exterior. Sucede que este saboteador ya ha espiado desde el principio todos los intentos de liberarse de él, ya conoce todos sus planes y deseos y sabe bien cómo sabotearlos inteligentemente mediante pensamientos que disimulen su mala intención.

Ahora bien, ¿qué es la inteligencia? ¿Y qué valor tienen realmente los test que la miden? Es más, ¿qué se supone que miden? Un test de inteligencia consiste en lo siguiente: un input, es decir, se asigna una tarea. Y luego se valora el resultado, obtenemos un output. El procesamiento intermedio siempre permanece en la oscuridad. Podríamos decir que el cerebro es una caja negra. Básicamente, sólo se mide el resultado. Entonces ¿un test de inteligencia sólo sirve para aquellos que pueden racionalizar su inteligencia y aplicarla para resolver tareas establecidas? ¿Qué inteligencia es capaz de medir un test en una persona que es insegura en su forma de pensar y que adapta su pensamiento diferenciado al de los demás, que incluso utiliza su inteligencia para anudar sus propios pensamientos, por así decirlo?

Lo que hasta ahora he visto con personas hiperinteligentes e hipersensibles es que el hecho de ser tan sensibles y pensar tanto las volvía irritables. Al verse diferentes y no sentirse comprendidas, no sólo aca-

118

baban adaptándose en la percepción, sino que también optaban por adaptar su pensamiento. Así, lo dirigían contra ellas mismas, se transformaba en una manipulación dirigida contra su desarrollo. Al final, tampoco podían ya confiar en su propia mente, pues su pensamiento representaba los intereses de otros, a su vez capaces de reducir los suyos a la nada.

Obviamente, este tipo de pensamiento afecta mucho a la toma de decisiones: la mente se desborda cuando tiene que decidir, la vida se vuelve una compleja tarea de Matemáticas con demasiadas incógnitas. Y éstas ya no se pueden resolver pensando. Para tomar buenas decisiones, sí o sí necesitamos un buen contacto con el cuerpo, identificar nuestros instintos, que son los que intervienen y nos hacen decantarnos por uno u otro camino:

Obstáculos a los que se enfrentan muchas personas hipersensibles a la hora de pensar

- Piensan sin centro y sin posición (lo que también puede resultar bastante ventajoso en muchas situaciones).
- Piensan sin referencia al cuerpo y, por tanto, sin confirmar la resonancia de la coherencia a través de su sentimiento corporal.
- El pensamiento puede descontrolarse y no llegar a una conclusión clara.
- Sin referencia al cuerpo y sin centrarse la persona no tiene en cuenta sus límites ni la energía que se le requiere. Como consecuencia, uno tiende a sobreesforzarse.
- Pensar sin centro ni posición conduce a la pérdida de los propios intereses.
- El pensamiento queda atrapado en un conflicto entre adaptación y rebelión, entre flexibilidad y rigidez, entre altruismo y egoísmo tardío.
- ¡Pensar en lugar de actuar! Pensar como estrategia de prevención.
- El pensamiento se dirige hacia el idealismo. En lugar de tomar conciencia de las limitaciones, se elevan aún más las exigencias de perfección.

Cualidades especiales que pueden darse en las personas hipersensibles a la hora de pensar

- Piensan de forma objetiva e incorruptible.
- Su pensamiento es cauteloso, no falto de miras.
- Su reflexión es profunda y está interconectada.
- Su pensamiento no se ve limitado por convenciones.
- Su pensamiento también respeta los intereses de los demás.
- Su pensamiento también tiene en cuenta los efectos y las consecuencias de la acción, aspectos clave de la sostenibilidad.
- Su pensamiento es crítico y autocrítico al mismo tiempo.
- Su pensamiento no puede limitarse a la factibilidad momentánea, por lo que puede llegar a ser visionario.
- Su pensamiento es capaz de conectar la pretensión con las posibilidades de aplicación.
- Su pensamiento reconoce su propia relatividad y toma conciencia de sí mismo.

Preguntas concretas para favorecer la reflexión

- ¿Este pensamiento ayuda o dificulta mi desarrollo?
- ¿Este pensamiento consiste sólo en buscar preocupaciones, objeciones y obstáculos?
- ¿Este pensamiento me ayuda a ser activo? ¿O únicamente me frena y entorpece?
- ¿Estoy pensando en lugar de actuar?
- ¿Son ilusiones o pura teoría lo que me distrae de mis tareas?
- ¿Me son útiles estas reflexiones? ¿Y para quién sí lo son?
- ¿Qué me prohíbo pensar?
- ¿Esta forma de pensar aporta más claridad? ¿O lo complica todo aún más?
- ¿Es mi manera de pensar? ¿Quién le ha dado forma?
- ¿Esta línea de pensamiento deriva de la obstinación y del egoísmo?
- ¿Acaso este pensamiento es sólo el aspecto negativo del pensamiento de otra persona?

Recuerda: para poder pensar conscientemente, primero tienes que percibir lo que estás pensando. De vez en cuando, hazte esta pregunta:

¿Qué estoy pensando ahora mismo? Sólo entonces podrás decidir si quieres seguir pensando así o si, tal vez, preferirías hacerlo de un modo completamente distinto. Sólo entonces podrás utilizar tu riqueza mental de forma independiente.

Hipersensible, premonitor, médium...

Hay personas hipersensibles que no sólo son capaces de meterse en los pensamientos de la otra persona, sino que también pueden ser premonitoras o incluso médiums. Captan información de la que, según la creencia común, en realidad no pueden saber nada. Por ejemplo, perciben los pensamientos de una persona que les resulta extraña o saben de sus circunstancias vitales o acontecimientos de su vida pasada o futura. Un fenómeno inquietante que se califica de charlatanería.

Para los dotados de ese don medial, la mediumnidad puede ser extraordinariamente estresante. Y no sólo eso, sino que quien es médium puede haberse sentido a merced de sus propias percepciones en la infancia. Sus observaciones tienden a ser a menudo rechazadas, devaluadas, hasta se ríen de ellas. Ocurre que lo que percibe agobia el alma del niño sin que éste pueda hablar de ello con nadie. Y tampoco hay nadie a su alrededor que le enseñe a manejar su don.

Por cierto, el reto de los médiums no consiste en percibir algo extrasensorial, sino en controlar conscientemente la recepción de esta información, limitarla o, si se desea, apagarla por completo para evitar sentirse agobiado por ella. La habilidad se muestra precisamente en la capacidad de distinguir con precisión por las sutilezas de la percepción si estas imágenes o impresiones son los propios miedos y ansiedades, esperanzas y deseos, o los pensamientos, los miedos, las ansiedades, las esperanzas y los deseos de otra persona o una percepción extrasensorial que no se ve afectada por todo esto.

Un médium dotado suele percibir su don como una capacidad y una carga dudosas. En cambio, a una persona que no está realmente dotada con esa mediumnidad le encantaría ser médium al menos una vez. Para todos aquellos que coquetean con su capacidad de presentir, existen suficientes cursos para satisfacer tales fantasías de grandeza. Al principio, parece preocuparles poco el hecho de pagar un altísimo precio por ello, a saber, el de apartarse aún más de la realidad, el de verse inundados por todavía más estímulos y ponerse en peligro a sí mismos.

En general, a las personas hipersensibles con el don de la mediumnidad se las aconseja que aprendan a manejar su sensibilidad, a tomar conciencia de su percepción hasta en los más mínimos detalles, para así poder percibir los distintos estímulos de forma diferenciada y lograr controlarlos por sí mismas. Sólo cuando ya sean capaces de centrarse en sí mismas, de estar en contacto con la tierra y de ponerse límites, podrán subir con seguridad la escalera de la mediumnidad peldaño a peldaño, partiendo del terreno de los hechos.

Los pensamientos «leídos» no son argumentos

Leer la mente puede ser destructivo en la vida cotidiana y especialmente en los conflictos. Durante una discusión, el marido, hipersensible, acusa a su mujer de pensar en separarse. Y con esto, la discusión va en aumento y la intensidad se dispara.

Por principio, no se debe reprochar a una persona un pensamiento que no ha expresado nunca. Por un lado, porque no se puede saber realmente lo que piensa. Y, por otro, porque existe el peligro de mezclar los propios miedos con lo leído. Además, una persona que, entre otros pensamientos, también tiene ése ni siquiera ha de ser obligatoriamente consciente de ello. En el cerebro son muchos los pensamientos que discurren al mismo tiempo, y nuestra conciencia suele captar sólo uno, rara vez repara en dos o tres corrientes de pensamiento al mismo tiempo.

Por ello, en las disputas, limítate siempre a lo que «ha dicho» la otra persona y deja al margen sus posibles pensamientos si verdaderamente quieres resolver el conflicto, porque, de lo contrario, sólo estarás echando leña al fuego.

Ignorar, evitar, explotar: Comportamiento conflictivo

Una y otra vez se observa que muchas de las personas hipersensibles defendemos nuestros intereses ya demasiado tarde y pasamos por alto las situaciones en las que deberíamos mantenernos firmes. La causa, como es de suponer, es que a menudo nos percibimos inferiores a los demás. Entonces no estamos centrados energéticamente y no experimentamos el mundo desde nuestra propia posición. Como consecuencia, reconocemos nuestras necesidades demasiado tarde. Y, además, nuestra percepción tampoco suele ser tangente a nuestros propios intereses, deseos y demandas. En su lugar, percibimos las necesidades de los demás o nos cegamos con puntos de vista y valores superiores como los de la justicia, el equilibrio y la paz.

La estrategia de supervivencia y el patrón de éxito de las personas hipersensibles, incluso en el reino animal, no es ser ofensivo, sino percibir el peligro a tiempo, avisar a los demás, retirarse antes de que sea tarde y ponerse a salvo. Basta pensar en el mundo animal para que nos quede clara la importancia de esta estrategia. Aunque a las personas hipersensibles no nos preocupan la competición y la dominancia, sino que perseguimos sobre todo valores unificadores como el equilibrio y la justicia, probablemente sólo un número muy reducido de nosotros vivimos en la armonía que ansiamos. Al revés, cuanto más nos hemos perdido, más a merced quedamos de los conflictos visibles u ocultos.

Asegurar la propia existencia también incluye un egoísmo sano, la voluntad y la capacidad de hacer valer los propios intereses, de defenderse a sí mismo y de desempeñar su propio papel en la vida. Normalmente, un niño se pone primero a sí mismo y coloca también sus necesidades en el centro antes de aprender a respetar las exigencias de los demás. Para nosotros, las personas hipersensibles, esto puede ser muy muy diferente incluso en la infancia. Desde pequeños, solemos percibir primero las necesidades de los demás o las exigencias del público en general y después quizá ya las nuestras. A menudo, hemos de empezar accediendo a nuestras propias necesidades e intereses para luego poder representarlos. Mientras que otros son egoístas al principio y tienen que ir poco a poco aprendiendo un comportamiento altruista, las personas hipersensibles parecemos empezar la vida como altruistas. Y es sólo en el transcurso de nuestras vidas que nos damos cuenta de que también nosotros necesitamos una cierta dosis de egoísmo.

Justo por eso a las personas hipersensibles les suele resultar más fácil defender los ideales o las reivindicaciones de los demás que sus propias preocupaciones. Nos ocurre que podemos ir valientemente a la batalla como nobles caballeros y luchar por los derechos de las viudas y de los huérfanos, pero, cuando se trata de nuestras propias reivindicaciones, no sólo nos falta valor para luchar, sino también presencia y lucidez. Por eso, la mayoría de las veces ni siquiera somos capaces de percibir estas oportunidades o retos en absoluto y, sobre todo, a tiempo. Y éste sería precisamente el requisito previo para poder defendernos.

Dejar pasar las oportunidades

Cuando se reparte el pastel, las personas hipersensibles suelen llegar tarde a coger su trozo. Antes, siempre nos aseguramos de que todo el mundo tenga algo. Sólo entonces, cuando todos los demás tienen algo y por fin nos damos cuenta de que nos han dejado con las manos vacías, registramos nuestras reclamaciones, insistimos en la compensación y buscamos justicia. Quizá también con el tono de reproche de la decepción, porque probablemente esperábamos en secreto que los demás se hubieran comportado como nosotros. Pero ahí es cuando somos nosotros los que perturbamos la paz. Precisamente por ese desfase, las personas hipersensibles, que tendemos a ser altruistas, pasamos a ser egoístas a ojos del resto. Y es que, mientras que hace un momento nos mostrábamos muy generosos, ahora parecemos insolidarios, mezquinos o incluso codiciosos.

Lo mismo ocurre con otros conflictos. Si no nos sentimos nosotros mismos, tampoco podemos percibir en el momento presente que tenemos nuestros propios intereses y que nuestras exigencias pueden ser contrarias a las de los demás. No nos damos cuenta de que nuestra autoafirmación es necesaria si lo que verdaderamente queremos es alcanzar el equilibrio y la justicia. Nos perdemos el momento, ese en el que podríamos haber dado señales muy sencillas de presencia y vigilancia. Lejos de ello, con nuestra comprensión o actitud de aprobación, tendemos a invitar a los otros a defender y hacer valer sus intereses, aunque casi siempre se opongan a los nuestros.

En el momento, un gesto, una mirada o un cambio de postura pueden bastar para mantener la propia posición o mantener a alguien a distancia. Si se pierde el momento, hay que dirigirse explícitamente a los demás. Y si también se pasa eso, hay que tratar de poder hablar con esa persona. Porque, si esperas aún más, te irás con las manos vacías o incluso tendrás que recurrir a tu abogado.

Por eso no es de extrañar que los temas de autoafirmación y conflicto resulten especialmente estresantes para muchas personas hipersensibles. Solemos ponernos tensos, volvernos obstinados y rígidos, o retirarnos sin luchar. Como resultado, tampoco aprendemos a hacernos valer con confianza. Una vez más, salimos perdiendo, y sólo nos empeñamos en evitar los próximos conflictos. Pero no tiene por qué seguir siendo así.

Aprender técnicas de resolución de conflictos

Cuanto más se espera uno, más agresividad se acumula en su interior. Y es entonces cuando ya basta un pequeño desencadenante para explotar. Luego ya, el desencadenante y la reacción no suelen estar en equilibrio. Una vez más, somos nosotros los que damos la nota con nuestra agresividad y nos metemos en problemas. Entonces nos echamos atrás, nos obsesionamos aún más con estar en armonía y en paz, dejamos de lado nuestros intereses, nos apartamos hasta que de nuevo hemos acumulado demasiada agresividad, y otra vez más basta un pequeño detonante y estalla la siguiente bomba.

La capacidad de afrontar conflictos también es necesaria cuando se trata de respetar nuestros propios límites, de reconocerlos, de señalarlos a los demás y de defenderlos si es necesario. Quien dice «no» también debe estar dispuesto a permanecer solo. Si no se está dispuesto a entrar en conflicto, habrá que ceder cada vez más terreno. En tal caso, el conflicto externo se desplaza entonces hacia el interior y puede propagarse allí con estrés permanente y síntomas físicos.

La falta de autoafirmación atrae ataques y agresiones del exterior como si nada. Por el contrario, nadie atacará con crudeza a alguien que está curtido en mil batallas y es más fuerte que él. Los que no pueden autoafirmarse viven en constantes conflictos externos o internos. Al final, los límites poco claros que no se protegen conducen a constantes riñas y peleas, precisamente esa situación que uno quería evitar a toda costa.

Sólo quienes se enfrentan a este reto como personas hipersensibles pueden utilizar su don de la hipersensibilidad de forma constructiva. Con él, podrás permitirte ser lo suficientemente valiente como para percibir y abordar las tensiones con antelación. Podrás prevenir los conflictos con objetividad y tacto. Sólo así tendrás la iniciativa y serás capaz de desarmar a posibles oponentes con tu prudencia y rapidez. Incluso, antes de nada, podrás evitar que otros se conviertan en tus rivales. Y cuando se trate de conflictos abiertos, contribuye a soluciones constructivas aportando tu capacidad de adoptar una visión más amplia y tu respeto por la postura del oponente.

Por paradójico que resulte, sólo cuando las personas hipersensibles cumplimos nuestro papel en la vida, sólo cuando logramos cuidarnos y abogar por nosotros mismos de un modo totalmente relajado y natural, encontramos la armonía y el equilibrio que tanto apreciamos.

HABILIDADES PARA EL CONFLICTO: UN EJERCICIO EN SECO

1

- Haz memoria de un conflicto. Recuerda claramente la situación. Repásala paso a paso desde el principio y divide el desarrollo del conflicto en secciones, como los actos de una obra de teatro.
- Vuelve a pasar por la última fase del conflicto. Cambia tu comportamiento en tu imaginación para que puedas sentirte satisfecho contigo mismo. En tu imaginación, simplemente permítete comportarte de la manera que te parezca correcta.
- Ahora repasa el penúltimo acto. Cámbialo también para que estés satisfecho contigo mismo. ¿Cómo afecta el cambio del penúltimo acto al último? ¿Quieres entonces cambiar aún más el último acto?
- Ahora pasa al penúltimo acto y así sucesivamente hasta llegar al principio de la situación.

2

- ¿Cuándo hubo los primeros indicios de que se estaba gestando este conflicto?
- ¿Cómo hubieras podido darte cuenta?
- ¿Cómo podrías haber evitado el conflicto?
- Vuelve a pasar la película a partir de estos primeros comienzos. Actúa en la película de forma que estés satisfecho con tu comportamiento.

3

- ¿Podría ser que la película no sólo se desarrollara de forma menos dramática, sino que también se hiciera mucho más corta?

Por cierto, ¡también se puede aprender y cambiar *imaginando* un comportamiento deseado! El proceso crea nuevas conexiones entre las neuronas de nuestro cerebro, que se graban más a través de la repetición. En algún momento, la nueva solución se convierte en un patrón familiar que sustituye nuestros viejos hábitos arraigados.

Darlo todo: Las personas hipersensibles y su profesión

En los años veinte del siglo xx, cuando Ernst Kretschmer describió el «tipo de reacción sensible», las cualidades de las persona hipersensibles eran muy demandadas en el mundo profesional. Hoy en día, sin embargo, la situación ha cambiado significativamente. Cada vez más, las personas son víctimas de la aceleración, de la creciente avalancha de información, de la presión más y más feroz por rendir, de la competencia de todos contra todos, de la frialdad social y de la disolución de la cohesión social.

En un mundo que gira cada vez más deprisa, las personas hipersensibles somos reiteradamente golpeadas justo en nuestro punto más débil, el de la recepción y el procesamiento de estímulos. Así, somos los primeros en sufrir la sobrecarga de adaptación. En realidad, sólo somos los precursores, porque lo cierto es que es algo que afecta a todo el mundo. En la vida profesional, apenas es posible escapar a estas corrientes. Quienes ya no pueden seguir el ritmo sin problemas se ven a menudo obligados a abandonar la vida profesional, muchas veces incluso son empujados al desempleo y a la exclusión económica y, al mismo tiempo, social.

La solución para nosotros, las personas hipersensibles, no puede estar en retirarnos, sino en aprender a manejar conscientemente la recepción de estímulos y el procesamiento de éstos. Sólo quienes aprenden a hacerlo pueden implicarse y realizar una contribución valiosa y satisfactoria. Porque, en realidad, las personas hipersensibles tenemos mucho que ofrecer profesionalmente: ¿a quién no le gustaría ser capaz de percibir más que los demás? ¿A quién no le gustaría tener un ojo para todo lo que todavía no está del todo bien y un sentido para futuros desarrollos? ¿Y quién puede dudar de que es una ventaja entender a la gente y sus preocupaciones, saber perfectamente qué tono usar y encontrar el momento adecuado?

¿Qué profesión encaja?

Cuando una persona elige una profesión, normalmente quiere utilizar sus talentos y habilidades para ganarse bien la vida con ellos. Las personas hipersensibles solemos querer mucho más: a veces ansiamos mejorar el mundo entero con nuestro trabajo, y sólo entonces nos preguntamos si cumplimos los requisitos para ello y si podremos mantenernos así.

La falta de autocentrismo descrita y la evaluación insegura de los propios puntos fuertes y límites también pueden influir en la elección de la profesión: uno se queda corto, se tiene poca confianza en uno mismo, se busca el camino seguro y, por lo tanto, no se desarrolla el verdadero potencial. O se tira demasiado lejos y se vive en la dicotomía entre unas exigencias excesivas y la incapacidad de satisfacerlas.

UN EJEMPLO PERSONAL: A los 13 o 14 años, con la imagen de Albert Schweitzer en mente, quería ser médico. Mi padre debió de intuir que me costaría demasiado esfuerzo esta elección profesional. Por eso, me aconsejó que primero colaborara con la Johanniter Unfall-

Hilfe (una organización humanitaria voluntaria) en mi tiempo libre. Cuando nos enseñaron diapositivas de heridos durante la formación, me tuve que salir de aquella sala tan blanco como la pared. No podía ver nada de sangre, todo me afectaba en exceso. En aquel momento, aún no sabía que era posible crear distancia con lo que se percibía, y no tenía ni idea de cómo hacerlo.

En un grupo de personas hipersensibles, podemos encontrar toda una variedad de individuos. Cada persona puede tener unos dones diferentes, y entre ellas solo hay una cosa en común: una percepción hipersensible. Por eso nunca se puede responder de forma general a la pregunta de qué profesiones son adecuadas para las personas hipersensibles. La hipersensibilidad necesita otros talentos y habilidades para que realmente pueda tener un efecto beneficioso. De lo contrario, puede convertirse fácilmente en una desventaja. Algunas personas hipersensibles cuentan con muchos de estos otros talentos. Y a veces es precisamente este exceso de dones e intereses lo que les causa problemas a la hora de elegir la profesión. Son muchos los pacientes que con frecuencia me hablan de esto, y yo mismo también me sentí muy dividido entre objetivos y posibilidades muy diferentes en el momento de elegir mi profesión.

Las personas hipersensibles están muy dotadas para todo lo que tenga que ver con la minuciosidad y con la búsqueda de conexiones y, al mismo tiempo, con una percepción refinada y diferenciada. En el ámbito técnico, todas éstas son tareas que implican precisión, destreza y sentido de la proporción, seguimiento y control, análisis y resolución de problemas, desarrollo de innovaciones y, sobre todo, la interfaz entre la tecnología y las personas.

En contextos empresariales, conozco a personas hipersensibles con un éxito abrumador en el campo del marketing. Pero también la contabilidad, que se ocupa de la armonía de los números, puede ser una experiencia placentera para las personas hipersensibles. En general, todo depende de las preferencias, de los talentos y de las capacidades adicionales de cada uno. Las personas hipersensibles también brillan con fuerza en el campo de la comunicación porque saben encontrar el tono adecuado, percibir lo que la otra persona no dice y reconocer sus necesidades. A menudo están muy motivadas para las áreas sociales y trabajan con dedicación en la asistencia sanitaria, especialmente en el campo de los cuidados. Por otra parte, muchos profesionales alternativos son hipersensibles, y a menudo llegan a esta área tras decepciones en otros campos profesionales.

¿BUENOS TIEMPOS?

La situación profesional actual de muchas personas hipersensibles es precaria. Por ello, esto puede tentarlas a idealizar la vida en siglos pasados. Por ejemplo, a menudo se escucha decir que las personas hipersensibles antes trabajaban como «consejeros del rey». Sin embargo, la apariencia idílica de las imágenes antiguas es engañosa. En realidad, la gente que no pertenecía a la nobleza vivía muy apelotonada. Las chozas y las casas estaban repletas de niños y allí no existía la posibilidad de retirarse a un lugar propio. Además, las ciudades eran ruidosas y, sin los modernos sistemas de higiene y alcantarillado de hoy, apestaban horriblemente: evidentemente, aquello constituía todo un ataque a los sentidos. El desarrollo individual resultaba una palabra extraña, y la conformidad con las convenciones era una obviedad. ¿Cuánta hipersensibilidad podía uno permitirse en aquellos tiempos difíciles? El retiro sólo era posible en la vida monástica o clerical, en la que las personas hipersensibles bien podían tener cabida. No obstante, la decisión sobre la profesión o el matrimonio rara vez dependía del propio individuo. Quienes se salían de lo establecido y percibían cosas diferentes, los que tenían puntos de vista distintos, eran con demasiada frecuencia sospechosos de ser brujos o herejes. Y así, por desgracia, muchas personas hipersensibles podían acabar en la hoguera, del mismo modo que hoy en día muchas personas hipersensibles son víctimas de acoso.

De engranar… a desengranar

Las personas hipersensibles percibimos de forma diferente, pensamos de manera distinta y también trabajamos de un modo dispar: solemos ser exigentes y voluntariosas. Nos preocupa más la calidad de nuestro trabajo que nuestras propias ventajas. Acostumbramos a ser especialmente prudentes y previsores; percibimos lo que falta; intuimos las necesidades de clientes y consumidores, del jefe y de los compañeros, y podemos adaptarnos bien a la persona que tenemos enfrente, porque también sabemos leer entre líneas y somos capaces de oír incluso lo que no se dice. Por si fuera poco, a pesar de nuestra obstinación, somos fácilmente adaptables y podemos responder con flexibilidad a las situaciones y a otras personas. Siempre nos mostramos serviciales y desinteresados cuando surge una necesidad. También es de destacar nuestra contribución, a menudo callada y reservada, a un buen ambiente de trabajo. Nos gusta equilibrar las cosas, somos considerados y animamos a los demás, pero nosotros mismos dependemos de un ambiente agradable y somos los primeros en sufrir rápidamente las tensiones del ambiente.

No nos importan nuestra imagen ni la vanidad personal, aunque nuestros propios errores a veces sean embarazosos y puedan darnos que pensar durante mucho tiempo. Por lo general, preferimos evitar los conflictos, en especial cuando son por hacer valer nuestros intereses personales. Sin embargo, no nos importa luchar, y, de hecho, luchamos, cuando se trata de hacer valer grandes exigencias y valores como la sostenibilidad, la justicia y la calidad.

El trabajo minucioso hasta el último detalle y nuestra altísima exigencia también tienen su lado oscuro. Las personas hipersensibles debemos protegernos de hacer las cosas demasiado bien e incluir contextos que, en realidad, ya no tienen nada que ver con nuestro trabajo. Asimismo, ni que decir tiene que todas las cualidades mencionadas antes no se dan en todas las personas hipersensibles. Es más, estos lados buenos tienden a convertirse en su opuesto exacto: cuando el estrés es excesivo, cuando la balanza ya no está equilibrada, cuando la persona hipersensible se olvida de defenderse y de buscar un equilibrio ante el estrés y a la tensión, los síntomas y las enfermedades se hacen sentir cada vez más. Demasiado tarde, y ahora ya con vehemencia, el cuerpo reclama su atención.

Cuando esto sucede, la contribución de las personas hipersensibles ya no actúa como aceite lubricante para garantizar la interacción fluida de fuerzas en el lugar de trabajo. De pronto, se vuelve arena en los engranajes. Entonces, los por lo demás tan circunspectos pierden la visión de conjunto. Podríamos decir que se pierden en los detalles. La responsabilidad aplasta a quienes la cargan demasiado. Ahora es la propia persona hipersensible la que comete un sinfín de errores y ya no puede gestionar más su carga de trabajo. Sus propios déficits ya son incapaces de compensarse. Llega un momento en que las necesidades que durante tanto tiempo se han ocultado de pronto se hacen evidentes. Ahora la propia persona hipersensible es quien necesita apoyo. Pero es muy posible que nunca haya sabido aceptar dicha ayuda, y probablemente ya no quede nadie a su alrededor que le preste apoyo y atención, porque para entonces quizá la persona hipersensible se haya vuelto ya demasiado odiosa.

Ahí es donde la flexibilidad da paso a la rigidez, y de pronto quien antes animaba ahora perturba el ambiente de trabajo con su irritabilidad. Se reacciona de forma mimosa, se muerde y se pierde toda empatía por los demás, si no se ha renunciado ya con anterioridad. La hipersensibilidad se convierte de pronto en frialdad y falta de respeto, y sólo se hace sentir como sensibilidad exagerada. Se sufre todavía más la contradicción entre las elevadas aspiraciones anteriores y la aplastante realidad: esto es lo que ocurre con una persona hipersensible que está contra la espada y la pared y ya no puede más. Apenas hace falta mencionar que, como muy tarde, en este punto a menudo se vuelve víctima de la desvalorización, de la exclusión y del acoso.

DAGMAR, antigua gestora de proyectos que ahora trabaja como controladora, dice: «Al echar la vista atrás, parece como si mi enfermedad y mi despido me hubieran liberado de un mal sueño en el que me había convertido en una extraña para mí misma. Me recuerdo como hechizada por un maleficio. Sufría por mi trabajo y por mí misma. Y lo peor era que me rechazaba a mí y a mis reacciones excesivas, y hería constantemente mis propios valores e ideas cuando me mostraba tan irritable y desagradable con los demás. Realmente, ya no soportaba nada de mí misma. Hoy me pregunto si no me habría sido posible entrar en razón sin tanto sufrimiento».

Trabajar conscientemente

En el trabajo, las personas hipersensibles tendemos a ponernos las cosas difíciles con nuestras grandes y desorbitadas exigencias, amplias conexiones y complejas consideraciones fundamentales. En un trabajo creativo y científico, esto puede conducir a resultados independientes y llegar a ser una ventaja. En otros ámbitos, sin embargo, esta minuciosidad suele llevarnos demasiado tiempo. Si no se tiene cuidado, se trabaja con demasiada lentitud. Por eso, para las personas hipersensibles es vital trabajar conscientemente para no perderse en el trabajo. En concreto, esto significa hacer una pausa antes de trabajar para concentrarnos en la tarea que tenemos entre manos, limitarla conscientemente y acotar nuestras propias exigencias. Merece la pena dedicar un tiempo a esta aclaración, porque al final se llega a ahorrar mucho. Con tareas más largas, también conviene mirar el «mapa» de vez en cuando para no distanciarnos interiormente, perder el rumbo y pasar por alto la tarea y el objetivo: ¿dónde estoy? ¿Y adónde quiero llegar?

Resulta importante formular la tarea y las exigencias sobre uno mismo con precisión. Las personas hipersensibles tienden a exigirse demasiado a sí mismas y a los resultados de su trabajo. Sucede que de la sensación de sentirse exigido a la de sentirse agobiado hay un trecho. Por consiguiente, reducir y limitar a lo necesario resulta un alivio, y por ello hay que formular exactamente qué calidad se quiere conseguir.

Reorientación profesional

Tras unos años en la profesión, muchas personas hipersensibles sienten un deseo urgente de reorientación profesional. Esto puede ocurrir si, a la hora de elegir su trabajo, tuvieron muy poca confianza en sí mismas y no siguieron su propia orientación. Esta necesidad imperiosa de reorientación profesional también la sienten cuando se han puesto las miras demasiado altas y, al cabo de los años, experimentan una sensación de fracaso y de agotamiento de su energía. Las causas de ello rara vez se encuentran en el control de la propia percepción y en el procesamiento de los estímulos y de la información, así como tampoco en la tensión entre las elevadas exigencias propias y la realidad profesional. Al contrario, y erróneamente, a menudo se dice como excusa que la causa de la crisis es la propia profesión.

REFLEXIÓN

Preguntas sobre la tarea

- ¿De qué se trata?
- ¿Cuál es mi tarea?
- ¿Qué es lo importante aquí?
- ¿Qué no es mi trabajo?
- ¿Qué limita mi ámbito de funciones?

Preguntas sobre economía laboral

- ¿Cómo puedo resolver la tarea fácil y rápidamente?
- ¿Qué soluciones conozco?
- ¿A qué rutinas, experiencias y modelos puedo recurrir?
- ¿Cómo puedo trabajar fácil y ágilmente, sin grandes esfuerzos ni gastos?
- ¿Cómo puedo sentirme cómodo en el proceso?
- Los niños juegan a trabajar. ¿Puedo también jugar a trabajar?
- ¿Qué equilibrio puedo conseguir en mi tiempo libre?
- La economía del trabajo debe ser al mismo tiempo ecología del trabajo. Nosotros mismos, con nuestra salud, bienestar y potencial de desarrollo, somos nuestro mayor y, con frecuencia, único recurso.

Preguntas sobre las exigencias a uno mismo y al trabajo

- ¿Me quedan claros los requisitos (por ejemplo, por parte del jefe)?
- ¿Qué puedo aportar yo mismo para que sea más claro?
- Sé consciente de tus propias pretensiones. Limítalo de modo que puedas cumplir realmente esta exigencia.

Esta crisis que estamos viendo suele experimentarse como una falta de sentido. Por lo general, las personas creen que esta experiencia de falta de sentido se debe al trabajo que realizan, y no les importa pasar por alto el hecho de que el sentido en sí no existe, de que el sentido es relativo y de que siempre lo construye uno mismo. Incluso se olvidan con demasiada facilidad de que esa misma profesión antes les parecía extremadamente atractiva. La falta de motivación y de sentido suele ser consecuencia del agotamiento y de la falta de energía que uno mismo se ha provocado por su actitud idealista ante el trabajo y por la falta de economía en él.

REGINE estaba en crisis. Tras leer un libro, la joven profesora achacó todos sus problemas laborales a la cuestión del sentido y a la elección de su profesión. Regine quería dejar su trabajo y, de alguna manera, llegar a fin de mes dando clases particulares. Sin embargo, ni siquiera podía nombrar una profesión que hubiera cobrado más sentido para ella y para la que se hubiera sentido motivada y con talento. Al final, la profesora, hipersensible, logró salvar su situación profesional con seis sesiones de *coaching*.

EJERCICIO

Siéntate en otra silla y mírate desde ella. Imagina que la persona que está sentada allí es tu mejor amiga. ¿Qué le sugerirías para que mejorase su equilibrio energético? Por ejemplo, ¿cómo podría recuperar de forma activa la energía en su tiempo libre? ¿En qué actividades podría relajarse mejor? ¿Cómo podría conseguir más gastando menos energía?

Con demasiada frecuencia muchas personas hipersensibles se exigen incluso más en su reorientación profesional que en su primera profesión. Suelen aumentar las exigencias que se imponen a sí mismas y a su profesión cuando se esfuerzan por mejorar el mundo o realizarse. Y al hacerlo, básicamente están aumentando sus posibilidades en el mismo juego de sobrecargarse y resignarse de antes, y no consiguen ver a través de este patrón.

Así, suele ocurrir que, al final, resulta que no es el trabajo o el puesto lo que hay que cambiar, sino la actitud hacia el trabajo, los compañeros y los superiores. Aunque esto implique a menudo invertir en *coaching* y seminarios, créame que este gasto es considerablemente inferior a los costes derivados de un despido o de un cese laboral, o a las consecuencias económicas del desempleo o de una reorientación profesional.

Para las personas hipersensibles es aún más importante que para otras personas hacer constantemente algo por sí mismas, por su vida profesional y, por lo tanto, por su base material que por los demás, porque son más vulnerables y, en general, están menos integradas socialmente que otras personas. De hecho, en las crisis tienden a encerrarse completamente en sí mismas. Pero, ya sabes, no lo hagas, ¡busca un apoyo que sea bueno para ti!

Entre el anhelo y el retraimiento: Las relaciones sociales

La hipersensibilidad no debe equipararse en absoluto con la introversión, que se caracteriza por la tendencia inherente al retraimiento personal y la orientación del interés hacia el propio mundo interior. Del mismo modo que hay personas hipersensibles que son introvertidas, también hay personas hipersensibles extrovertidas que son sociables y dirigen su interés hacia el exterior.

Y, por supuesto, depende de cada uno cómo tratar y vivir su predisposición. A lo largo de mi vida, he conocido a muchas personas hipersensibles que en realidad eran extrovertidas, pero que llevaban una vida de retraimiento porque no sabían cómo afrontar sus experiencias de desvalorización y exclusión ni cómo superar las heridas.

REFLEXIÓN

Preguntas que debes hacerte cuando te plantees cambiar de trabajo

- ¿Avanzo hacia un objetivo concreto o sólo huyo?
- Si sólo buscas huir, seguro que hay algo que aclarar o aprender. De lo contrario, existe el peligro de que la próxima vez acabes en una situación similar y la crisis se repita. Suele resultar mucho

más práctico cambiarse a uno mismo y cambiar de actitud en la situación que se dé, y siempre que aún sea posible.

¿De qué depende exactamente que quieras cambios?
- ¿Del trabajo en sí?
- ¿De la cantidad de trabajo?
- ¿De la relación con los compañeros?
- ¿De la relación con los superiores?
- ¿De la relación con los clientes?
- ¿De la falta de motivación de uno mismo o del cambio de motivación?
- ¿De la falta de reconocimiento?
- ¿De otras condiciones?
- ¿Del propio nivel de exigencia?
- ¿De la falta de equilibrio fuera del mundo laboral?
- ¿Del propio estado de salud y energético?

¿Qué has emprendido ya para cambiar la situación?
- ¿Hay otras formas de mejorar la relación?
- ¿Has mantenido alguna conversación para aclararlo?
- ¿A qué ayuda externa puedo recurrir?
- ¿Qué apoyo tienes fuera de la profesión?

Un don para los contactos sociales

En la comunicación, el don de la hipersensibilidad puede resultar una ventaja muy especial porque uno puede percibir muchas cosas, entender tonos intermedios y ponerse repetidamente en el lugar de los demás. Nadie es capaz de percibir cómo se siente la otra persona con tanta precisión como lo hace una persona altamente sensible. Nadie puede entender al otro tan bien como una persona hipersensible. Por eso, si tan bien nos ponemos en el lugar del otro y nunca nos centramos ni nos ponemos límites, corremos el riesgo de perdernos. Al final, nos mezclamos con el otro. ¿Quién soy yo? ¿Y quién es el otro? ¿Sigo estando ahí? ¿Puedo seguir sintiéndome yo mismo?

Quienes, como personas hipersensibles, son incapaces de mantener su propia posición corren el riesgo de enredarse en todo tipo de relaciones interpersonales y malentendidos. Es ahí cuando nos dejamos explotar, manipular y controlar, nos dejamos arrastrar en intrigas. Y cuanto más abiertos nos mostramos, más fácil es hacernos daño. Inconscientemente, podemos convertirnos en compañeros de juegos mentales destructivos.

Entre el anhelo de fusionarnos y el establecimiento de los límites necesarios

Nuestra primera relación en la vida fue con nuestra madre. En el vientre materno era ella quien nos protegía y nos proporcionaba todo lo que necesitábamos. Incluso después de nacer, seguimos estrechamente unidos a nuestra progenitora durante mucho tiempo. Todos llevamos dentro una imagen de completa armonía. Y algunas personas pasan toda su vida buscando la realización de esta idea. Quizá sea éste también el impulso de nuestra búsqueda de la unidad y la trascendencia.

Sin embargo, el mundo ahí fuera tiene otro aspecto bien distinto. Tal vez en nuestra familia ya hayamos conocido rivales en lo que respecta a que les prestaran atención, les brindaran cuidados y les dieran cariño: los hermanos. Y en el juego y en los campos de fútbol, en las guarderías, en los colegios y en las calles, y más aún en las fábricas y oficinas, nos encontramos con otras personas que, aunque sean amables con nosotros, a la vez son nuestros acérrimos competidores. Sí, buscan ganarnos en prestigio, popularidad, ascensos y aumentos salariales, puestos e influencia. Incluso en las amistades y en las relaciones de pareja somos competidores por la atención, la energía y la influencia.

Sin duda, los que han sacrificado su autopercepción para ser como los demás están en desventaja en esta competición desde el principio. No se perciben a sí mismos y sus necesidades o sólo lo hacen cuando se reparte el pastel. No están centrados y no adoptan su propia posición. Así, no es de extrañar que se queden cortos en las luchas por el reparto terrenal.

Cuanto más se les ignora en la competición de todos contra todos, menos se afirman, más aman la armonía y su tranquilidad. En el momento del contacto, a menudo añoran ese estado armonioso de unidad y fusión que una vez experimentaron en el vientre materno. Este anhelo está tristemente condenado a fracasar desde el principio. Siempre caerás al vacío y te decepcionarás a ti mismo. Incluso en el momento del contacto, por muy estrecho y cariñoso que sea, tenemos que adoptar nuestra posición, proteger nuestros intereses y mantenernos firmes, pues de lo contrario no sólo perderemos lo que nos corresponde, sino también el aprecio, el respeto y el afecto de la otra persona. También aquí vemos lo importante que es el giro hacia la autoconciencia: desde un lugar centrado en nosotros mismos, no sólo es posible un no claro, sino también un sí sin reservas.

Un rasgo típico de la hipersensibilidad: Pocas amistades, pero muy intensas

La mayoría de las personas hipersensibles tienen más bien pocos amigos, pero estas amistades acostumbran a ser muy intensas. A menudo nos basta con centrarnos en uno o dos amigos, y esto suele ser así desde la infancia. Digamos que los niños hipersensibles se limitan a la cantidad de estímulos que les resulta ventajosa. Y a la vez, podemos encontrar la intensidad que nos conviene en estos contactos.

En realidad, al hablar de amistad, nos jugamos mucho: quien se hace amigo de una persona hipersensible gana un confidente que es excelente escuchando y empatizando, que tiene comprensión y sensibilidad a raudales, y que por norma también está encantado de ayudar desinteresadamente.

Sin embargo, muchas personas hipersensibles viven solas y prefieren mantenerse al margen antes que repetir viejas experiencias que todavía no han superado en lo que se refiere al contacto con los demás. La mayoría de las veces no alcanzan a saber cuánto contribuyen ellas mismas a que las amistades o no se materialicen o acaben en decepción, porque muchos de nosotros sólo conocemos dos posibilidades para las relaciones: o todo o nada. O nos entregamos por completo y nos perdemos en el contacto intenso, o nos retiramos del todo. Unas exigencias demasiado elevadas hacia nosotros mismos, hacia los demás y hacia la relación se interponen en el camino de tener contactos equilibrados.

Si tú también sueles tener problemas con las amistades, este escenario puede resultarte familiar. Los demás rara vez están a la altura del nivel de intensidad y profundidad de un encuentro que deseas. Para tu interlocutor, el contacto contigo tiende a ser demasiado exigente. Te das cuenta de que los demás sólo buscan el contacto contigo cuando quieren ser comprendidos, cuando buscan ser animados o precisan ayuda. Y es en esas situaciones en las que tú también te sientes en tu sitio. Porque te hace bien crear resonancia, confirmarte con ella. Te encanta la intensidad en las conversaciones. Tú mismo ofreces todo ello. Pero con tanta simpatía, es más que probable que enseguida te pierdas de vista a ti y a tus necesidades.

Las personas hipersensibles nunca deben pasar por alto su tarea de ser ellas mismas en el encuentro con el otro y de mantener su propia posición, por mucha amistad que exista con quien esté enfrente. Por eso, en lugar de perderte en la otra persona, en sus necesidades y problemas, emplea tu fino sentido común para mantener la relación en un equilibrio fino y generoso. Al hacerlo, no sólo lograrás algo bueno para ti mismo, sino que también harás un importante bien a tu amigo, porque la amistad sólo es estable cuando está en equilibrio. Así es como contribuirás a cuidar de vuestra relación.

NAVIT, una estudiante de sociología, me contó una vez esta historia: «Mientras mi amiga hacía su tesis doctoral, comentaba conmigo todas las dificultades con que se iba topando y siempre encontraba buenas soluciones después de escucharme y hacerme miles de preguntas. Yo la motivaba como me hubiera gustado que los demás hubieran hecho conmigo. Una vez que imprimió su trabajo, puso una copia sobre mi mesa. Decepcionada, leí una y otra vez las dos páginas que había escrito de agradecimientos, que era la única parte de aquel larguísimo texto que aún no conocía. En aquel momento no podía creer que entre los muchos nombres que había, faltara el mío. He de decir que al principio me sentó muy mal. Por supuesto, la relación dejó de ser como era, y por ambos lados, por cierto. Evidentemente, porque ella ya no me necesitaba más. Había alcanzado otro nivel. Sin embargo, con el tiempo me di cuenta de que había sido yo misma la que siempre le había estado ofreciendo mi apoyo. Me había preocupado más de sus asuntos que de los míos. Y, en realidad, me había defraudado a mí misma».

Aunque los desequilibrios provoquen tales perturbaciones en una amistad, prohíbete una cosa de una vez por todas: ¡romper el contacto! Repítete a ti mismo que no se puede eliminar a las personas, no es posible deshacerse de ellas. Al contrario: la presencia de personas que querríamos olvidar, que quizás incluso querríamos haber borrado de nuestra libreta de direcciones, no hace más que fortalecerse con nuestro rechazo y nuestra resistencia. Por eso siguen rondando nuestra mente incluso después de años de una supuesta ruptura. Así que, en lugar de eso, pon límites.

Nadie gana nada rompiendo el contacto. Ni la otra persona puede darse cuenta de nada, ni nosotros mismos podemos sacar nada en claro de la situación. Sólo cuando nos enfrentamos a una situación así podemos resolver el problema. De hecho, en algún momento podremos incluso agradecer a la otra persona que nos haya indicado un déficit.

Contactos en equilibrio

Un principio básico de las relaciones interpersonales es el equilibrio, que suele romperse por las desigualdades entre dar y recibir. Con frecuencia se observa cómo la persona a la que le gustaría obtener algo de la otra persona lo intenta con una táctica de lo más infantil: y da aún más, con la esperanza de obtener lo que quiere realmente. De este modo, sin embargo, altera todavía mucho más el equilibrio y, al final, la balanza se desequilibra.

En una relación, el que menos quiere del otro es siempre quien determina la intensidad del intercambio. Es él quien marca el grado de dar y recibir y la intensidad. Exigir más ya sería ejercer presión. Entonces, la otra persona sólo puede reaccionar aumentando la distancia, a menos que se retire por completo.

REFLEXIÓN

- ¿Cómo reacciono ante un desequilibrio?
- ¿Doy aún más? ¿Incremento mis esfuerzos?
- ¿Elevo mi nivel de exigencia para el otro?

- ¿No doy nada ahora?
- ¿Me retiro por completo o incluso rompo el contacto?
- ¿Reduzco demasiado la perturbación? ¿Restauro el equilibrio?

PADRES E HIJOS

Claro está, la imagen de la balanza no se aplica al hablar de dar y recibir entre padres e hijos. Sin embargo, también en este caso los padres pueden perturbar la relación queriendo o dando demasiado. Pregúntate: ¿a qué me adapto? ¿A mis propias necesidades e ideas, que pueden haber quedado desatendidas, o a las necesidades y al bienestar de mi hijo?

El equilibrio también suele verse alterado por el hecho de que una de las personas implicadas tenga dificultades para aceptar algo en alguna ocasión. Haz la prueba: ¿cómo te sientes cuando recibes un regalo? ¿Cómo te sientes cuando tienes que aceptar ayuda? ¿Y cómo te sientes cuando tú mismo pides ayuda?

Otra perturbación del equilibrio se da cuando una parte no reconoce lo que la otra persona le da o puede llegar a darle. En un caso así, el resultado puede ser extremo: ambos dan algo, pero ninguno cree recibir nada. Por desgracia, las facturas impagadas por el otro que cada cual guarda en secreto se van haciendo cada vez más y más largas… Y, del mismo modo, se amontonan ante nosotros los regalos que no reconocemos ni valoramos.

PARA DAR Y AYUDAR, SE HA DE APLICAR LO SIGUIENTE:

Todo lo que doy al otro, lo doy libremente. En realidad, lo doy por mí, porque quiero que el mundo sea así. Todo lo que hago por el otro, realmente lo hago por mí, porque yo quiero que sea así. Sólo al hacer esto, mantengo intactos mis conceptos del mundo y de mí mismo. Por ejemplo, quiero ser y afirmarme como cariñoso, como generoso. Así es como estoy en armonía con mis valores. Esta afirmación me hace sentir bien y libera energía. Lo que doy a los demás, también me lo doy a mí mismo. Por lo tanto, no tiene sentido que después envíe las facturas a los demás.

El gran reto: Las personas hipersensibles y su vida en pareja

Lo que nos atrae suele ser precisamente aquello de lo que carecemos. Por eso, las personas hipersensibles solemos atraer a parejas con menor sensibilidad que la nuestra. Afortunadamente, esto puede dar lugar a matrimonios o noviazgos muy estables en los que uno complementa al otro. La condición para ello es siempre una interacción constructiva, el respeto hacia las diferencias y la tolerancia por ambas partes. Sólo así los dos miembros se benefician del talento, de las capacidades y de las perspectivas del otro.

Hay otras parejas que se basan en la búsqueda de acuerdos y puntos en común. Por otro lado, existen algunas personas hipersensibles que desean tener una pareja exactamente igual de hipersensible. Sin embargo, uno de los grandes peligros de esta coincidencia es que no nos lleguemos a desarrollar porque nos falte el impulso para hacerlo. Especialmente si esta unión se busca por necesidad de armonía, puede desembocar en todo lo contrario: conflictos que se advierten demasiado tarde y que no se esperaban. De ahí que las relaciones de pareja entre dos personas hipersensibles puedan acabar siendo mucho menos estables que entre una persona hipersensible y otra menos sensible. Por cierto, ¡esto también se aplica a las amistades y a todos los contactos sociales en general! No hay que olvidar que el encuentro con los demás, con su experiencia y con sus diferentes formas de ver y vivir, que casi siempre nos son ajenos, es una ventana a la plenitud y permite el desarrollo.

De pronto... el espejo del otro

Las personas hipersensibles solemos comprender a nuestra pareja y empatizar con ella de tal manera que a veces nos olvidamos por com-

143

pleto de nosotros mismos y nos convertimos en su espejo. Para la pareja, el hecho de que se le preste más atención, se le brinden unos exquisitos cuidados y, por tanto, se le proporcione tanta energía puede resultar cómodo al principio, pero en realidad, al final también representa una pérdida. Esa parte de la pareja pierde por completo a quien tenía enfrente. En las conversaciones tan sólo escucha su propio eco y se encuentra siempre con sus propios sentimientos, y, cuando busca a la otra persona, se adentra en el vacío. Hay que tener en cuenta que no todas las personas están tan obsesionadas con su ego como para conformarse con este tipo de relación. De hecho, sucede algo más: también se pierde la tensión sexual. Cuando reina semejante armonía, al hombre ya no le queda nada que conquistar (una y otra vez). Y lo mismo sucede en el caso de la mujer, que pierde el interés por dejarse «conquistar» por una marioneta bien educada que constantemente sólo cumple todo lo que ella espera de él.

La vida en pareja parte de lo común como base y de lo opuesto como tensión, y eso es lo que hace que la energía fluya y la relación evolucione. Por eso, la entrega por completa al otro no favorece a ninguno de los dos. Al contrario, los castiga en lo que a vida y desarrollo se refiere. De ahí que, en la hipersensibilidad, aparte del riesgo de perderse a uno mismo, esté también el riesgo de la pérdida de la pareja. Por ello, a veces luego la otra parte de la pareja, esa a la que se vive por agradar, se siente atraída por alguien más excitante que, de pronto, le promete vivacidad y retos. Y a la otra persona, que más o menos se ha abandonado a sí misma, a menudo se le permite seguir siendo útil: como ama de casa y madre de los niños o como una asalariada que proporciona las cosas básicas, y que se encarga de mantener la casa y el jardín en buen estado. Para que las personas hipersensibles no acaben desempeñando ese papel secundario de apoyo, es fundamental que aprendan a ocuparse de sí mismas y a establecer sus límites.

Un deseo peligroso

Muchas personas hipersensibles que han fracasado en su relación sentimental por convertirse en el espejo de la otra parte sueñan con una pareja que también sea hipersensible. Pero ¿qué puede salir de un vínculo así cuando no han aprendido nada de su historia? ¿Qué sucedería si encontraran a otra pareja que también tendiera a perderse en el otro? Pues se convertirían en dos espejos y se reflejarían el uno en el otro. Cada cual se adaptaría a la otra parte, aunque quizá de pronto ya no habría nada a lo que adaptarse. Ambos irían abocados al vacío.

En esto del amor, también se da el caso de dos personas hipersensibles que dejan escalar sus sensibilidades la una hacia la otra. Saben mejor que los demás cómo manipularse y herirse mutuamente. Incluso es posible que a veces luchen contra ese lado también suyo que no quieren en el otro.

Poco frecuentes pero también posibles son las parejas de personas conscientes e hipersensibles en las que cada uno adopta y representa su propia posición. En ellas, pese a todo su amor y unión, cada uno se reserva su propio espacio, sabe ponerse límites a sí mismo y permite que su pareja haga lo mismo. Sin duda, ésta es la mejor protección para ni perderse a uno mismo ni apoderarse de la pareja. Obviamente, esto requiere independencia por ambas partes, responsabilidad y conciencia. En una relación así, se renuncia a la ilusión de fusionarse, aunque a veces pueda ser un regalo. En la otra persona ya no se busca un alma gemela, sino que la idea es encontrar en la pareja a ese compañero que, pese a todo lo común que existe, abra un poco el camino hacia una mayor plenitud a través de su alteridad para permitir el desarrollo de su persona y de la relación. En este sentido, la pareja se entiende también como un camino hacia uno mismo.

BEA (48 años) trabaja como auxiliar en una clínica dental. Un día me confiesa: «Yo, al principio, quería cambiar a mi marido todo el tiempo. Deseaba que fuera tan sensible como yo. Hoy lo admiro por soportarlo. Por mi parte, con el tiempo he aprendido a llevar mejor mi hipersensibilidad. Ya no le resto diversión a mi vida adaptándome a él primero, sobrepasando mis límites y agotando mi paciencia, para luego acabar siempre molesta y malhumorada. Es curioso, porque ahora salimos juntos más a menudo que antes, porque yo he aprendido a cuidarme y él lo respeta. Sin él, creo que mi mundo se habría ido estrechando cada vez más. Está bien que sea diferente a mí. Me complementa. Hoy por fin sé valorarlo».

Proximidad dosificada

Algunas parejas lograrían ser más estables si el miembro hipersensible aprendiera a estar consigo mismo y se esforzara en conocer a su pareja desde ahí. Sólo así sentiría también sus necesidades. En la práctica, de este modo se daría cuenta de cuándo su cuerpo le pide un descanso y de en qué momento empieza a aproximarse peligrosamente a sus límites. Para ello, sería buena idea que contara con un espacio suficiente, y propio, como quizá podría ser su propia habitación, por pequeña que ésta sea.

REFLEXIÓN

Rastrear las propias necesidades de proximidad-distancia

- ¿Cuánta cercanía me conviene? ¿Y cuánta distancia necesito? ¿Y cuánto espacio?
- ¿Cómo se siente la otra persona al respecto? ¿Cuánta cercanía necesita, cuánta distancia y cuánto espacio para que también se sienta bien?
- ¿Cuánta unión precisa cada uno? ¿Cuál es la distancia óptima?
- ¿Cuándo es mejor para los dos? ¿Dónde está nuestro límite común, dónde nos encontramos y a veces chocamos?

Toda relación de pareja supone un gran reto para una persona hipersensible. El secreto reside en estar en contacto con la otra persona sin perder el contacto con uno mismo. Se trata de percibir a tiempo las propias necesidades y ocuparse de ellas sin caer en lo contrario y defenderse sólo a uno mismo y el propio ego. Debemos aprender a mantener el equilibrio entre nosotros y la pareja sin dejar que surjan mezquindades ni caer en lo opuesto, que podría ser sobrecargar a la pareja y dominarla con nuestra sensibilidad.

ANITA (52 años), curandera de profesión, ha recorrido un largo camino: «Llegó un momento en que me di cuenta de que siempre intuía exactamente cómo estaba mi marido y qué necesitaba él. Sin embargo, cuando me preguntaba a mí misma por mis deseos o metas, necesitaba pararme a reflexionar sobre ellos, y a veces me llevaba bastante tiempo. Lo propio ya no me resultaba tan fácil. Primero tenía que averiguarlo yo. De repente, me di cuenta de que en el pasado siempre me había resultado más cómodo dejarme llevar por él. Por eso lo culpaba de haberme quedado yo corta con mis necesidades, que solían surgir siempre *a posteriori*, cuando una y otra vez ya era demasiado tarde. Él no es tan sensible como yo y siempre sabe lo que le conviene y lo que quiere. Siempre está consigo mismo. Pero ahora estoy tratando de aprender de él todo eso que antes me molestaba tanto. Yo creo que en el fondo siempre he estado celosa de esa actitud».

El anhelo de un «alma gemela»

Aún más peligroso que las expectativas demasiado altas sobre una pareja es el cuento de hadas que nos habla del alma gemela, de la fusión total con otra persona que supuestamente encaja a la perfección contigo. Esta idea no sólo es la culpable de que muchas personas reales de carne y hueso nunca lleguen a juntarse, sino que también suele ser la responsable del fracaso de las parejas existentes.

En muchos casos, nuestras expectativas en cuanto a contactos, vida en pareja y amistades son demasiado altas para la mayoría de las demás personas. Por eso, a menudo no están a la altura de la intensidad de las conversaciones. Por ejemplo, tienden a evitar el tema cuando la persona hipersensible quiere profundizar en él o no le ven el sentido a cuestionar algo que siempre ha sido así. Nuestro deseo de intensidad agobia al resto, y no es raro que acabe decepcionado.

Muchos de nosotros ya nos hemos asomado demasiadas veces al vacío y ya no queremos arriesgarnos más. Por eso, la falta de límites nos lleva a mantener una distancia demasiado grande con la otra persona, de modo que nunca llegamos a encontrarnos realmente con ella o nos alejamos demasiado. La cosa se complica aún más cuando una persona hipersensible quiere las dos cosas a la vez: cuando anhela la cercanía y, al mismo tiempo, pone el freno de emergencia porque teme perderse de nuevo y tener que abandonar. Este conflicto sólo podremos resolverlo cuando nos centremos en nosotros mismos y adoptemos nuestra propia posición en el encuentro. Aun con otros, debemos quedamos con nosotros mismos.

> **AFRA** describe así su camino: «Siempre tengo ese anhelo dentro de mí. A veces duele, pero es un sentimiento intenso, algo así como la nostalgia o estar conectada a todo. Siempre me ha hecho sentir extraña. Una y otra vez dirigía ese anhelo hacia mis parejas, pero al final sólo volvía a decepcionarlas y a defraudarlas. Siempre quise algo distinto de lo que había en ese momento. Eso me hacía sentir sola e insatisfecha. De hecho, llegaba a ponerme bastante insoportable. Entretanto, he aprendido que no debo perder esta conexión cuando me involucro con lo terrenal y con la vida concreta y con una persona muy concreta. Todo lo contrario. Es como un árbol que ha echado raíces y ahora por fin puede crecer más alto».

Vivir la espiritualidad

Este profundo anhelo que muchos de nosotros sentimos no puede satisfacerse a largo plazo en los contactos interpersonales. Entre las personas, este anhelo de unidad y plenitud choca con el vacío o la resistencia. Sin embargo, existe, claro que existe, y quiere ser vivido. Es el caldo de cultivo de la espiritualidad, para la que las personas hipersensibles somos tan receptivas. Cuando esta espiritualidad se vive y el anhelo de armonía y perfección se dirige hacia donde realmente pertenece, es decir, hacia lo trascendente, el verdadero contacto con otras personas se alivia y se hace posible una y otra vez.

No obstante, incluso cuando vivimos nuestra espiritualidad y religiosidad, los peligros nos acechan. La espiritualidad no es sino el intento de conectar con la totalidad. De hecho, las religiones representan los intentos de dar a la espiritualidad una forma concreta y social. Es nuestro anhelo de pureza y perfección, conectado con la mirada puesta en los déficits, las insuficiencias y las contradicciones que nos hacen susceptibles a una rigurosidad ajena a la vida en cuestiones espirituales, al sectarismo y a la hipocresía o a replegarnos en religiones privadas sin compromiso.

REFLEXIÓN

- ¿Mi práctica espiritual me conecta con la totalidad o más bien me separa de la totalidad a la que también pertenecen otras personas?

- ¿Mi espiritualidad no tiene patria y no es específica?

- ¿Puede mi espiritualidad tener algún efecto sobre los demás, mientras sólo la practique en privado en mi tranquila habitación de mi pequeño mundo perfecto?

- ¿Acaso abuso de mi espiritualidad para sentirme mejor y más puro que los demás, elevándome así por encima de ellos y separándome de ellos y, por tanto, de la totalidad?

Caminos terapéuticos, desvíos terapéuticos

El hecho de que la psicología haya pasado por alto el fenómeno de la hipersensibilidad durante mucho tiempo, y de que a día de hoy aún lo ignore en parte, lleva a que actualmente a muchas personas hipersensibles no sólo se les niegue el acceso a su ser y a la realización de su don, sino a que también se las perjudique cuando decidan buscar una ayuda terapéutica.

Por un lado, rara vez la ayuda que precisan está cubierta por la Seguridad Social o las compañías de seguro privadas. Y, por otro, los profesionales con que se topan suelen limitarse a tratar las consecuencias de esa forma distinta en que asimilan y procesan los estímulos, por lo que acostumbran a ser mal diagnosticadas, algo esperable en un sistema más basado en criterios diagnósticos globales que en personas concretas.

Con qué suele confundirse la hipersensibilidad

La palabra «hipersensibilidad» no aparece en los manuales de diagnóstico habituales (¡lo que quizá sea una suerte para los afectados!), pero en alguna parte del sistema de la psicoterapia oficial, de la cobertura sanitaria y de los libros de texto hay que situar el sufrimiento derivado de la hipersensibilidad. Justo por eso se buscan cajones de sastre con cuadros aparentemente similares, y todo aquello que no encaja en el sistema diagnóstico se pasa por alto o se suprime, al igual que hay otras cuestiones que se añaden. He aquí el principal motivo por el que las personas hipersensibles que buscan ayuda tienden a acabar en cajones con las etiquetas más extrañas.

Claro que las consecuencias de no vivir la hipersensibilidad de forma constructiva se asemejan a los «síntomas» de los diagnósticos que se enumeran a continuación, sin duda, eso explica la confusión. Sin embargo, las causas subyacentes son muy distintas y, por lo tanto, el apoyo que sería útil para un paciente desde el punto de vista terapéutico también es de naturaleza diferente. Por eso, estate alerta por si alguien en alguna ocasión te da uno de los siguientes diagnósticos.

Neurosis, depresión y trastornos de ansiedad

Durante mucho tiempo, éstas fueron quizá las etiquetas que con mayor frecuencia se ponían a las personas hipersensibles, pero ni mucho menos las peores. Los participantes en el seminario que impartí para enseñar a controlar la propia percepción y el procesamiento de estímulos también compartieron con el grupo los muchos diagnósticos erróneos que habían recibido a lo largo de su vida.

Inestabilidad emocional

Es evidente que entre los afectados por la «inestabilidad emocional» hay muchas personas altamente sensibles. Una persona hipersensible que asimila sin filtro todos los estímulos y, por lo tanto, todo el sufrimiento, porque aún no sabe cómo crear distancia con lo que percibe y no conoce ninguna forma de centrarse y separarse, se deja rápidamente dominar por sentimientos cambiantes que a menudo ni siquiera son los suyos.

Codependencia

Del mismo modo, es fácil comprender que las personas hipersensibles, que suelen dedicar más energía a los demás que a sí mismas, y que se pierden rápidamente en el esfuerzo por ayudar al resto, se enreden con facilidad en la codependencia.

Así, por ejemplo, si la pareja tiene un problema de drogas, alcohol o medicación, la persona hipersensible tiende a convertirse en un codependiente que, sin darse cuenta, hace soportable la adicción de la otra persona y, sin ser consciente, ayuda a mantener dicha adicción.

Adicciones

Detrás de muchas adicciones puede haber un intento de amortiguar la propia hipersensibilidad o de hacer más soportable por un breve instante la dicotomía entre las aspiraciones personales y la triste realidad. Por supuesto, la sensibilidad suele aumentar con el comportamiento adictivo. A veces todo es más simple de lo que creemos. Por ejemplo, las molestias físicas crónicas como expresión de una hipersensibilidad pueden ir acompañadas de una dependencia a los medicamentos que alivien el dolor.

Autismo

Cuando un niño no se relaciona con los demás dentro de lo que se ha establecido como normalidad, a menudo se cierne sobre él un diagnóstico completamente erróneo: una madre hipersensible me comentó en una ocasión que a su hijo de diez años, también hipersensible, se habían empeñado en meterlo con calzador en el cajón del «autismo». Su profesora estaba obcecada en que el pequeño sólo buscaba el contacto con un amigo y se mantenía alejado de los demás niños. El pobre podría haberse ahorrado la prueba diagnóstica: un niño con un trastorno del espectro autista no podría tener ese contacto tan intenso como el que él tenía con su amigo y su familia. Lo que se atribuía a la debilidad del niño era en realidad su fortaleza: al limitarse a un contacto intenso fuera de su familia, controlaba su captación de estímulos. El niño se limita a sabiendas de lo que es más beneficioso para él.

Borderline

Otro de los peligros que corren las personas hipersensibles es el del diagnóstico de un trastorno de personalidad *borderline*. El término «borderline» aparece en varias combinaciones de términos y encierra el dilema de la psicoterapia y la psiquiatría a la hora de enfrentarse a un diagnóstico: cualquiera que no encaje en el cajón de «psicosis esquizofrénica», pero tampoco en la categoría de «psíquicamente sano», quien no quepa en el cubo de los trastornos de la personalidad ni en la caja de las neurosis, cae fácilmente en un amplio saco elástico con la etiqueta de *borderline*. Así, este diagnóstico erróneo afecta no son sólo a las personas hipersensibles que al mismo tiempo son buscadoras de emociones fuertes, sino, sobre todo, a aquellas personas hipersensibles que están particularmente mal centradas y son incapaces de manejar sus límites, por lo que acaban enredadas en conflictos internos y externos. Esto las vuelve inestables, muy vulnerables, se sienten enseguida desbordadas, reaccionan de forma violenta e impulsiva, y a veces llegan incluso a autolesionarse. Indudablemente, su autoestima fluctúa.

TDA/TDAH

Actualmente, el más extendido y, por tanto, el más peligroso es el «diagnóstico» de TDA (trastorno por déficit de atención) o TDAH (trastorno por déficit de atención e hiperactividad), pues suele ir asociado a años de prescripciones de psicofármacos. El trastorno por déficit de atención puede tener causas muy dispares: sobreestimulación por el consumo excesivo de medios de comunicación, intolerancia a los aditivos alimentarios, alto consumo de azúcar junto con falta de ejercicio, percepción errónea aprendida de los medios de comunicación, enredos sistémicos en la familia, así como, por supuesto, causas cerebro-orgánicas.

El trastorno por déficit de atención también puede ser el intento impotente de un niño de resistirse a que sus padres se apoderen de él. En ocasiones se trata de una resistencia a que la infancia sea arrebatada por una sociedad preocupada únicamente por el rendimiento y la maximización de los beneficios. Sin embargo, los defensores del concepto TDA/TDAH, que para lo demás son grandes aficionados a la causalidad, de repente no parecen estar interesados en las causas del cada vez más extendido trastorno por déficit de atención…

En esas, el «diagnóstico» de TDAH se aplica también a los adultos. La descripción de los síntomas se corresponde con el comportamiento de una persona hipersensible que aún no ha aprendido a manejar su don.

Cómo se forman nudos

Una cosa es importante: la hipersensibilidad es un don y no un trastorno mental. Ser hipersensible no significa tener que sufrir por naturaleza. Al contrario: quienes saben manejar su forma especial de recibir y procesar estímulos tienen más probabilidades de ser felices y son capaces de sentir esa felicidad con mayor intensidad.

En principio, las personas hipersensibles pueden padecer los mismos problemas mentales que el resto de la gente. No obstante, más allá de eso, hay susceptibilidades especiales a ciertos trastornos que surgen de la forma especial de percibir y abordar. La falta de aceptación del propio ser y los intentos infantiles de adaptación disminuyen las posibilidades de desarrollo y felicidad. Un clima social en el que el niño se ve obligado a dirigir su atención hacia el exterior dificulta aún más el desarrollo: violencia, límites inseguros y reglas poco claras, abuso mental y apropiación.

¿TDA O SPS (sensibilidad de procesamiento sensorial)? UNA CUESTIÓN DE IMAGEN HUMANA

Llegados a este punto, quizá te preguntes cómo distinguir el TDAH de la hipersensibilidad, cómo saber dónde está el límite. Estrictamente hablando, no se puede, porque la hipersensibilidad no es un trastorno, sino una predisposición, un don y una naturaleza. Son categorías diferentes. Uno *es* hipersensible, otro *tiene TDA*.

En teoría, se puede ser muy sensible y tener TDA al mismo tiempo, siempre que se crea en el concepto de TDA. En sentido estricto, habría que hablar, por ejemplo, de un trastorno por déficit de atención debido a una falta de control de la percepción, o de un trastorno por déficit de atención debido a una alimentación incorrecta y a la falta de ejercicio, etc.

El concepto de TDA como término colectivo para trastornos que parecen similares pero tienen causas diferentes corresponde a una imagen humana conformada por normas: la de cómo debe ser una persona y la de si su comportamiento se corresponde con la norma, que se caracteriza sobre todo por los intereses que haya en ella. Y a quienes se salen de estas normas se les medica.

La hipersensibilidad es muy diferente: parte fenomenológicamente de la percepción y del respeto de la naturaleza de cada persona. La hipersensibilidad es hereditaria, se nace con este don y esta naturaleza, se tiene desde el principio. Según este concepto, no se trata de adecuarse a una norma, sino de vivir de acuerdo con la propia naturaleza y desarrollarse uno mismo y sus dones de la mejor manera posible en beneficio de todos. Este camino para convertirse en quien uno está destinado a ser es, a la vez, un proceso de toma de conciencia.

Quien elude la percepción de su cuerpo para adaptarse pierde el contacto con él y, por tanto, su autocentramiento, el sentido de su fuerza y de sus límites. En ese contexto, uno tiende a sobrevalorarse o a infravalorarse. Se sobrecarga o se queda corto con respecto a sus posibilidades. En consecuencia, la autoestima se vuelve inestable. Junto con el propio cuerpo, también se pierde la capacidad de garantizar la coherencia de los pensamientos, de llegar a conclusiones claras y de limitar el propio pensamiento. Y como resultado, la cabeza acaba volviéndose independiente, e incluso se crea sus propios problemas.

Conceptos de la propia debilidad y de un mundo peligroso

Alguien hipersensible que de niño se haya dejado vencer por los numerosos estímulos existentes a su alrededor acaba considerándose débil y pensando que el mundo es un lugar peligroso. Y como sucede con todos los programas profundamente asentados, esas imágenes interiores tienden a confirmarse. Actúan como un filtro para la percepción, de modo que sólo se seleccionan y refuerzan aquellos estímulos que confirman esta imagen de uno mismo y del mundo. Tales conceptos, nacidos del miedo infantil, llegan a cobrar vida propia y restringen cada vez más la existencia. El miedo provoca tensión, defensa o retraimiento. A su vez, esa actitud lleva a que el mundo parezca aún más peligroso, por lo que se reacciona ante él con más fuerza y, por tanto, el miedo aumenta todavía más. Por eso, muchas personas hipersensibles acaban manifestando miedos que a ellas mismas les parecen excesivos. Dado que los conceptos de la propia debilidad y de un mundo abrumador también llevan a inhibir el propio desarrollo, muchas personas hipersensibles no dejan fluir su energía y, como consecuencia, en muchos casos, caen en una profunda depresión.

Mecanismos de protección de la infancia

El niño hipersensible se acaba creyendo por completo su propia debilidad y la peligrosidad del mundo que lo rodea, y desarrolla estrategias que lo ayudan a enfrentarse a la situación. «Soy pequeño y débil, y el mundo exterior es peligroso. ¿Cómo me protejo para salir sin que me hagan daño?». Podría tratar de hacerse aún más pequeño para que nadie lo ataque. O podría optar por dejarse guiar por la persona más fuerte y someterse a ella desde el principio. Asimismo, el niño maneja otras estrategias para adaptarse a unos padres complicados y a otros adultos con los que ansíe llevarse bien.

Durante la infancia, estos intentos de solución fieles a su lógica infantil pueden dar lugar en ocasiones a alguna que otra solución aceptable, pero más adelante el resultado de algo así suele ser el contrario. Pese a ello, las conductas están tan arraigadas que la persona hipersensible las repite en su adultez. Y sucede lo esperable: por un lado, cuanto más se empequeñece uno, más ataques atrae. Y por otro, cuando alguien se somete, jamás lo dejan tranquilo. Así, lejos de alcanzar su propósito, la persona hipersensible se ve abocada al fracaso.

Un conflicto básico de sobreexigencia e infraexigencia

Cuando una persona hipersensible ignora su cuerpo para no molestar y se adapta, deja de reconocer sus fortalezas y debilidades, y pasa completamente por alto sus límites. Al mismo tiempo, ansía la perfección. En esas, cuando ambos factores confluyen, puede llegar a desarrollarse un sistema creciente de sobreexigencia e infraexigencia, dos aspectos que no hacen sino reforzarse mutuamente. Invierte una energía excesiva, pero el resultado no le devuelve ni un ápice, lo que conduce a una peligrosa falta de energía, a la depresión y, en casos extremos, al *burnout*.

Temores sociales. Las consecuencias de la exclusión

A pesar de sus intentos de adaptarse a los demás, o precisamente a causa de ellos, las personas hipersensibles suelen sufrir por la marginación y estigmatización de que son víctimas ya desde la infancia. Ambas les dejan profundas huellas que pueden llegar incluso a traumatizarlas. La exclusión se vive como una amenaza para la vida. De hecho, al principio de la humanidad, equivalía a una pena de muerte. De ahí que el miedo y la tendencia a una adaptación ciega estén grabados a fuego en nosotros. Quien alguna vez se ha sentido marginado no vuelve a ser el mismo. Así, nuestro propio miedo y la tensión que surge con el contacto suelen hacer que se repitan los patrones de desvalorización y la exclusión. Y ello, a su vez, refuerza los miedos sociales y la timidez y, en casos extremos, provoca fobias sociales.

Enredos sistémicos

Desde pequeñas, las personas hipersensibles son más propensas a verse envueltas en todo tipo de enredos sistémicos. Perciben más que las demás, escuchan incluso lo que no se dice y captan las discrepancias. Acostumbran a asumir el papel de víctimas, y se apartan para compensar las injusticias o solidarizarse con los desfavorecidos. Sufren junto a ellos, aunque su sacrificio no ayude a nadie, y de este modo acaban creando su propio sufrimiento.

Si en estas últimas páginas ves reflejada tu situación actual, no dudes en buscar un apoyo competente. Sí, es cierto que algunas orientaciones terapéuticas no son muy adecuadas para las personas hipersensibles, o sólo lo son parcialmente, pero existen otras maneras de salir de esa prisión interior en que nos encierran el autodesprecio, la depresión o la ansiedad. Te mereces una vida feliz, y con ayuda la tendrás.

Sigue leyendo el apartado siguiente.

¡Fuera nudos!

No todas las terapias sirven de ayuda a las personas hipersensibles. De hecho, cuando las sesiones llevan al paciente a perderse aún más en cavilaciones, análisis e interpretaciones, la terapia acaba por convertirse en una mera continuación de lo que la persona hipersensible ya tiende a hacer en exceso. Así, en su incesante búsqueda de sí misma, se enreda en infinitos procesos de pensamiento y termina por perderse en el proceso.

Algunos de los pacientes que llegaron a mí ya tenían una experiencia previa con la terapia conductual. Y aunque varios sí admitieron haber superado las fobias sociales, todos insistieron en que, cuando en el proceso se pasa por alto el propio patrón de adaptación y la sobreexigencia, ésta no hace sino reforzarse, lo que intensifica el conflicto interior. Por ello, esfuérzate en abordar tu hipersensibilidad y los patrones problemáticos que la acompañan para que la terapia no se convierta en otra repetición de los mismos intentos de siempre de adaptarte.

Otros pacientes habían seguido previamente terapias de conversación, pero a las personas hipersensibles les resulta demasiado fácil adaptarse a la forma de pensar de su interlocutor. De ahí que acostumbren a adoptar la forma de pensar del terapeuta, algo negativo dado que es el pensamiento que ignora toda percepción del cuerpo el que provoca y refuerza su dilema.

El sistema exterior y el interior

Para las personas hipersensibles, las terapias más útiles son aquellas que aclaran los conflictos internos y los enredos con el entorno, y evitan que sigan agravándose, pues son éstos las causas del peligroso estrés permanente que las persigue, de la ansiedad, de la falta de energía y de la depresión.

En lo referente a los enredos externos, siempre me ha gustado trabajar con las constelaciones sistémicas, que, por cierto, en ningún caso han de equipararse a las tan extendidas constelaciones familiares de las que habla Bert Hellinger. Asimismo, existen otras formas de constelaciones, con frecuencia mucho más sencillas, que resultan más adecuadas para cuestiones concretas y conducen a resultados más precisos.

Además, son muy útiles en sesiones individuales *(véanse* también las referencias bibliográficas).

Aún más importante que aclarar el sistema social externo suele ser ordenar el sistema interno de cada paciente. ¿Cómo interactúan cada uno de sus lados? ¿Cuáles de sus dinámicas activas son capaces de crear, mantener y agravar un problema? ¿Qué ha de cambiar cada persona para obtener el resultado deseado? Por ejemplo, ¿de qué manera interactúan el lado sobreexigente y el lado infraexigente? ¿Por qué una persona los fines de semana se siente enferma y debe cuidarse? ¿Cómo se podría controlar ese proceso de otro modo?

Trabajar con piezas interiores

Todos nosotros tenemos diferentes «subpersonalidades», «lados» o «partes», y eso nada tiene que ver con un trastorno de personalidad múltiple. Nos conocemos, y sabemos que en algunas situaciones actuamos de forma diferente a la que estamos acostumbrados. Según el momento, se hace visible un determinado lado que normalmente no se percibe.

En algunas personas, por ejemplo, su lado juguetón sale a relucir en contacto con niños. También sucede que, cuando quiere dirigirse a una mujer, un hombre que en realidad es seguro se convierte de repente en un joven tartamudo. En otras circunstancias, la presencia de una suegra que constantemente regaña vuelve a la mujer, por lo demás tranquila, un manojo de nervios. Para muchos de nosotros, resulta familiar el famoso dicho de Goethe sobre las «dos almas habitan en nuestro pecho». Es por eso que decimos: «En realidad me gustaría…, pero otra parte de mí…».

Por supuesto, no hay lados ni partes en nosotros, tan sólo diferentes patrones de procesamiento en nuestro cerebro, diferentes sinapsis y combinaciones con otras sinapsis. Cuando suena un tema, las conexiones correspondientes entran en acción por sí solas y funcionan según sus hábitos arraigados. Y por eso, cada vez, no sólo piensas así, sino que sientes así y te comportas en consecuencia. Te vas volviendo cada vez una persona diferente, dependiendo de las «vías» en las que hayas caído. Sin embargo, hablar de «partes» hace que estos mecanismos se vuelvan más ilustrativos.

Algunas «partes» de nosotros se hacen sentir de forma perturbadora, por ejemplo, porque no nos comportamos adecuadamente en determinadas situaciones o porque quizás incluso provocamos lo contrario de lo que nos habíamos propuesto. Esto ocurre cuando las «partes» no han crecido y evolucionado con nosotros y se han quedado atascadas en patrones de cómo reaccionar que antes eran útiles en la infancia pero que ahora nos causan dificultades. Ya no están conectadas con nuestros patrones de procesamiento adultos y controladores, y llevan una vida propia en nuestra cabeza. Y muy a menudo logran dominarnos.

Por ejemplo, los mecanismos de protección de la infancia pueden «activarse» precisamente cuando uno se encuentra en una situación insegura. Es entonces cuando el miedo existente se intensifica aún más. Esas veces, la parte de nosotros que representa el concepto de «soy pequeño y débil» toma el control cada vez que nos enfrentamos a un reto profesional, que, si lo pensamos bien, podríamos superar.

En el trabajo con el sistema interior, el paciente llega a conocer esas partes perturbadoras. Se examina la relación entre sus buenas intenciones y los efectos desfavorables de estas partes. Y se integran en la personalidad consciente. Como resultado, dejan de dominarnos de forma automática. Igualmente, pueden reorientarse hacia intenciones y objetivos constructivos para que sirvan al desarrollo. (Para quienes deseen comprender mejor estos mecanismos dentro de sí mismos, recomiendo como primer paso el libro *Reisen in die Innenwelt* (Viajes al mundo interior), de Tom Holmes, que muestra de forma extremadamente sensible y muy fácil de entender cómo podemos lidiar de un modo constructivo con nuestras partes internas. Entre las orientaciones terapéuticas que trabajan con el sistema interior se encuentran la terapia del estado del ego, la terapia IFS (terapia con el sistema familiar interior) y el enfoque del diálogo de voz.

LAS PERSONAS HIPERSENSIBLES TIENEN UNA TENDENCIA ESPECIAL A DESARROLLAR SUBPERSONALIDADES

El trabajo con las partes internas resulta muy adecuado para las personas hipersensibles porque muchas de ellas han perdido su autocentramiento por pasar por alto la autopercepción. Así, tienen más probabilidades de desarrollar subpersonalidades que otras personas.

Al principio, las personas hipersensibles se adaptan más a su entorno y tienden a descubrir tarde sus necesidades e intereses. Por eso, inicialmente, experimentan el mundo y a sí mismos desde la perspectiva de los demás. En presencia de otra persona importante de su entorno, por ejemplo, un niño hipersensible percibe lo que lo rodea como lo hace esta persona: piensa, siente y actúa como ella. Este comportamiento sólo es posible mediante la formación de una parte que es una copia de esta persona desde el punto de vista del niño. En cuanto se da cuenta de que esto no lo hace él mismo, forma otra parte que se convierte en la antagonista de esta primera. Salta a la vista que ambas partes se contradicen: reflejan a la perfección ese conocido dicho de «dos almas habitan en mi pecho».

En este contexto, los conflictos internos se multiplican por el hecho de que hay otras partes y personas importantes que «contagian» al niño y están presentes en él con sus correspondientes partes internas. Estas partes y personas pueden a su vez estar en conflicto entre sí. Por tanto, tomar conciencia de estas partes e integrarlas reduce las tensiones internas y el estrés permanente, y permite el desarrollo de una personalidad centrada.

Hipersensibilidad: Un empujón constante para el autodesarrollo

Para muchas personas hipersensibles, el mero hecho de saber que lo son les supone un alivio. Por fin tienen la certeza de que no están locas, sino que tan sólo son un poco diferentes. Y encuentran el consuelo de que no están solas en el mundo con su particularidad. A mí me pasó. Además, a nuestro alrededor hay gente a la que nunca hubiéramos identificado como hipersensible porque se han convertido en auténticas maestras de la adaptación. E incluso en alguna ocasión puede que hayamos juzgado mal a algunas personas hipersensibles y que las hayamos considerado del todo insensibles, y sólo porque nos hayamos fijado en ellas justo en el instante en que hayan vuelto a sobrepasar sus propios límites y, por lo tanto, hayan reaccionado de forma irritable y se hayan comportado de manera fría e indiferente.

Trampas en el camino

Cuando nos damos cuenta de que somos hipersensibles, empezamos a comprendernos mejor a nosotros mismos, una actitud imprescindible para llegar a aceptarnos tal y como somos. No obstante, todavía después de esta toma de conciencia pueden aparecer obstáculos en el camino de nuestra vida. Siempre hay piedras con las que es fácil tropezar, y quien optan por seguir luces errantes a veces terminan atrapados en un pantano. Hasta ahora, muchos de nosotros nos habíamos quedado aprisionados en la adaptación, nos habíamos dejado apoderar y asustar por patrones inconscientes de percepción, de tal manera que habíamos llegado a perder el rumbo y a pasar por alto nuestros límites.

Tras asumir nuestra hipersensibilidad, podemos seguir topándonos con ella y usándola como excusa y justificación de nuestra propia incapacidad y comodidad a la hora de pensar y actuar. También están quienes se empeñan en controlar aún más su entorno y se vuelven inexpugnables aludiendo a su hipersensibilidad. Por otro lado, igualmente hay personas hipersensibles que caen en la trampa de creerse mejores que los demás y, por ejemplo, se sienten llamadas a ser «consejeros del rey» o incluso «mensajeros del cosmos», aun cuando su sabiduría a menudo apenas les alcanza para sobrevivir en su vida diaria. También hay personas altamente sensibles que se limitan a identificarse plenamente con su hipersensibilidad, como si pertenecieran a una especie del todo distinta de personas. Al hacerlo sistemáticamente así, ni siquiera se dan cuenta de que también tienen otras facetas y rasgos, e ignoran el hecho de que se comportan de forma insensible cuando están sobreestimuladas. De la misma manera, hay hipersensibles que se meten aún más entre algodones para protegerse del mundo. Algunas de estas personas incluso creen que encontrarán un mundo ideal si sus relaciones sociales giran exclusivamente en torno a otras personas hipersensibles en pequeños círculos, pero al final se dan cuenta de que no podían estar más equivocadas.

Siempre podemos dejar nuestra percepción a merced de viejos hábitos o podemos tratar de controlarla conscientemente. El manejo activo que hagamos de nuestra percepción será el que decida si los estímulos externos nos controlan o los controlamos nosotros a ellos, e incluso en qué grado sufrimos o sentimos placer.

De la desventaja a la ventaja

Las personas hipersensibles perciben más y con mayor intensidad que los demás. En lo que a mí respecta, yo no quiero prescindir de estas ventajas en mi vida: no podría renunciar a esta visión más amplia y profunda del mundo, ni a la mayor intensidad de la experiencia ni a la ingente interconexión que impera en el procesamiento de los estímulos que capto. Porque todo esto se traduce en una inmensa riqueza interior para mí. Del mismo modo que una persona hipersensible puede llegar a sufrir más, también puede sentir la alegría de una forma especialmente profunda y experimentar una intensísima felicidad. No obstante, admito que uno debe hacer un gran esfuerzo para que la alta sensibilidad se convierta en ventaja.

Sólo cuando aceptamos nuestra propia naturaleza y la apreciamos, únicamente cuando asumimos la responsabilidad de controlar y dosificar nuestra percepción y procesar los estímulos y la información que nos rodean, es cuando nuestra predisposición puede llegar a convertirse en una auténtica bendición.

No podemos huir de la decisión de cómo queremos vivir nuestro don. Una y otra vez nos enfrentamos a la elección de sufrir o vivir conscientemente y desarrollar nuestra conciencia. Y así una y otra vez, en cada momento. Pero entonces somos recompensados con creces: si antes la hipersensibilidad solía ser una desventaja para nosotros, de pronto se convierte en un plus que enriquece nuestra vida y la de los demás.

Otros métodos eficaces

Una y otra vez, las personas hipersensibles nos encontramos en tres situaciones típicas en las que nos sentimos fácilmente guiadas, determinadas, a menudo sobrecargadas y a veces incluso abrumadas por los estímulos externos.

Situación 1: Con frecuencia perdemos la distancia interior respecto a lo que captan nuestros sentidos. Entonces, lo que percibimos puede volverse demasiado cercano a nosotros. No sólo empatizamos con nuestro prójimo, sino que también sufrimos con él, y con ello, incluso aumentamos el sufrimiento en el mundo. ¿Cómo conseguimos distanciarnos más de los estímulos? ¿Cómo podemos determinar la distancia interior a lo que queremos percibir?

Situación 2: Muchas ocasiones que para otros son de disfrute a nosotros nos agobian enseguida, por ejemplo, una visita a la ciudad, las tardes de compras o las grandes aglomeraciones en acontecimientos culturales o deportivos. ¿Qué podemos hacer para perder menos energía en el proceso con el fin de no evitar estos momentos y volver a disfrutarlos pronto?

Situación 3: El contacto personal con los demás tiende a agotarnos, aunque normalmente entendemos muy bien a la otra persona y somos capaces de ponernos en su lugar. Sin embargo, a veces llegamos a meternos directamente en la piel de la otra persona. Entonces no sólo perdemos demasiada energía por nuestra franqueza, sino a menudo también nuestra propia posición. En cierto modo, nos convertimos en el doble del interlocutor. ¿Cómo podemos hacer que los encuentros nos resulten menos estresantes? ¿De qué manera podemos evitar hacer tan nuestros los problemas de la otra persona?

Estas tres desventajas típicas tienen algo en común: nos debilitan. Y ahí es cuando los estímulos nos golpean con mayor intensidad, lo que a su vez nos debilita más, de modo que nos sentimos aún más a merced de los estímulos. Así es como entramos fácilmente en un círculo vicioso. Una y otra vez se confirma lo mismo: sólo si aprendemos a tratar de forma consciente y activa nuestra percepción, conseguimos sellar estas «fugas de energía», por así decirlo. Y esto reduce muchas de las dificultades que pueden surgir de ellas: sensibilidad y aversión al conflicto, retraimiento hasta el aislamiento, agotamiento hasta el *burnout* y todas sus consecuencias.

En los más de diez años que existió el Instituto HSP de Stuttgart, tuve la oportunidad de desarrollar otros métodos después de la primera publicación de este libro, los cuales transmití en los muchos seminarios que impartía entonces. Ahora aquí quisiera compartir algunos de ellos contigo. Antes de nada, quisiera decir que no todos los métodos resultan adecuados para su publicación en un libro, ya que no se pueden transmitir de forma inequívoca en términos de lenguaje y pueden requerir una u otra adaptación al probarlos.

Sin embargo, los que se incluyen aquí sí son fáciles de seguir y puedes aplicarlos en tu vida diaria sin problemas. Mientras experimentas, aprendes a tratar consciente y activamente tu percepción. Si te sientes más fuerte y seguro de ti mismo, permítete hacerlo. Si aplicas los métodos con constancia, pronto podrás depositar tu confianza en ti mismo con más desarrollo y contacto, paso a paso. Únicamente así transformarás las debilidades típicas de todas las personas hipersensibles en tus verdaderos puntos fuertes.

A poder ser, te aconsejo que no pruebes estos métodos cuando ya hayas llegado al límite de tu capacidad de resistencia. Sucede justo al contrario. Cuanto más relajado estés, más sencillo te resultará percibir las sutiles diferencias que se observan entre el «antes» y el «después». Experimenta lo más abiertamente posible y sin esperar un resultado determinado. Pero, eso sí, por favor, cíñete a los «pasos» dados cuando practiques. Si no, te costará cosechar algún éxito.

Soluciones para la situación 1: Cómo determinar uno mismo la distancia interior respecto a lo que se percibe

Cuando se está demasiado cerca de lo que se percibe, resulta muy fácil perderse en los estímulos y en la información que se recibe. Así, uno acaba viéndose en exceso influenciado por ello, en casos extremos incluso abrumado. Si esto también resulta un problema para ti, prueba esta solución que te ofrezco hoy mismo.

Para nosotros, los humanos, el tema de la distancia depende sólo en parte de nuestros órganos sensoriales. Fundamentalmente es cuestión de conciencia. ¿Cuánta cercanía o distancia me conviene en esta situación? ¿Cuánta distancia necesito para mantener una visión de conjunto que me permita distinguir entre lo que es importante y lo que no lo es? ¿En qué momento la cercanía empieza a debilitarme?

Precisamente por eso, algunas personas hipersensibles intentan exponerse sólo a estímulos agradables. O deciden cuidarse y no se exponen a ninguno. Sin embargo, si queremos gozar de una vida plena y activa, no podemos prolongar tal actitud a largo plazo.

Para evitar sentirnos abrumados por todo lo que percibimos, hemos de dejar la distancia adecuada entre lo de afuera y nosotros. Sólo así lo que nos amenace y moleste nos debilitará menos. Cuando logremos establecer dicha distancia, nos volveremos más capaces de decidir objetivamente si podemos volvernos activos y hasta qué punto nos es posible, o si tenemos que aceptar vivir con las circunstancias que no podemos cambiar y reconocer también cómo afrontarlas constructivamente.

La distancia que se presenta

Se trata de crear una mayor distancia entre uno mismo y el estímulo percibido. Probablemente, para esto lo más fácil sería, por ejemplo, retirarse al salón del té del otro extremo de la gran casa de campo de uno y contemplar desde allí el problema que antes en nuestro despacho parecía irresoluble. También podríamos levantarnos de la mesa de reuniones y contemplar desde la terraza de nuestro ático en qué punto se ha estancado la discusión. Sin embargo, hay que tener en cuenta que no todos los deseos de distancia tienen posibilidades de hacerse realidad. Justo por eso necesitamos dar con otros métodos para nuestra vida cotidiana.

¿Y si adoptáramos ese punto de vista distanciado, al menos en la imaginación, y contempláramos la situación real desde ahí? Son muchos los problemas que pueden resolverse mejor desde la distancia.

Cuando miras a través de los prismáticos, acercas lo que tienes delante de los ojos, que bien podría ser un pájaro de intensos colores al que te gustaría contemplar desde menor distancia. Pero, si sostienes los prismáticos del revés, sucede todo contrario, lo ves todo desde más lejos.

Al igual que con una cámara con zoom, aquí puedes ajustar la óptica para adaptarla a la distancia a la que exactamente quieres ver. Quizás en esta situación decidas una distancia que aún te permita ver con claridad tal o cual detalle, pero en otro caso posiblemente querrás que sea mayor el espacio que os separa. Entonces verás las cosas no sólo más lejanas, sino también más pequeñas y, al mismo tiempo, más objetivas.

Por qué cambiar conscientemente la posición espacial y la postura corporal

A veces cambiar de óptica resulta bastante sencillo. Recuerdo bien a mi profesora de séptimo curso: se echaba las gafas ligeramente hacia delante en situaciones en las que podría haberse enfadado con nosotros, los alumnos. Se ponía muy seria y así mantenía la calma. Pienso en mi antiguo redactor jefe, que se echaba más hacia atrás en su silla giratoria cuando se trataba de cuestiones fundamentales. Eso es exactamente lo que se entiende por distancia. ¿Tú también eres de los que llevas mucho tiempo haciendo algo parecido? Seguro que a partir de ahora ejecutarás este cambio de un modo más consciente. Tócate las gafas, quítatelas o póntelas otra vez. Retrocede conscientemente un poco, aunque sólo sea unos centímetros.

Al mismo tiempo, corrige tu postura cuando estés sentado o de pie. Si, con intención, te pones derecho lentamente desde los pies, volverás a estar más contigo mismo y te sentirás más presente y tomarás más distancia respecto de la situación.

En realidad, no se trata de los pocos centímetros de distancia concreta, sino de tu firme intención de mantener la distancia, de tu actitud interior. Sin embargo, con este pequeño cambio espacial real, concedes una expresión visual y tangible a tu decisión, lo cual, a su vez, tiene un efecto sobre ti. Pruébalo y compara el «antes» y el «después».

La próxima vez que mires a través de tu objetivo zoom imaginario, retrocede ligeramente o ponte de pie, no olvides jugar con la distancia. Verás que esto tendrá un efecto en ti, te hará darte cuenta de que la cercanía y la distancia son relativas, y de que, con un poco de práctica, podrás disponer libremente de ellas.

Cómo tomar una breve distancia

Pero ¿qué haces cuando lo que percibes se vuelve de repente más fuerte que tú? Cuando ya antes has retrocedido y, de repente, vuelves a estar demasiado cerca. Te recomiendo tener una estrategia pensada para ello (en el caso de la persona hipersensible, se cumple a la perfección el dicho ese alemán de «¡Mejor dos veces!»). Si la situación lo permite, hazte a un lado, pero no así como así, sino de nuevo con la intención de salir primero de donde estás. Es un paso hacia lo «objetivo». También aquí es aconsejable dar un paso concreto hacia un lado al principio, de modo que, por así decirlo, te quedes de pie junto a ti mismo. En esta posición también podrás dirigirte a ti mismo, ocuparte de ti, aclararte la situación y volver a determinar conscientemente la distancia que deseas.

Este «apartarse a un lado» consciente igualmente te servirá de ayuda cuando notes que estás pensando demasiado, que te preocupas de problemas que aún ni siquiera han surgido o de contratiempos de otros que no te han pedido consejo, o incluso cuando tus dilemas no dejen de girar en tu cabeza. Por cierto, te darás cuenta de que, tras unas cuantas veces de pie, este truco también te funcionará en posición sentada.

QUÉ CONSEGUIRÁS

Si sigues este método, podrás aprender a utilizar conscientemente todo el espectro de tu percepción. Dejarás que las cosas se acerquen a ti todo lo que desees, pero no te perderás en ellas. Del mismo modo, serás capaz de reconocer objetivamente contextos más amplios desde la distancia.

Si determinas bien la distancia a la que te percibes, te resultará más fácil distinguir lo que es importante y lo que tal vez sólo sea ruido. Ya no te dejarás guiar por los estímulos como antes. Tratarás con más confianza lo que te rodea y también a ti mismo. Perderás menos energía, serás más capaz de tomar parte activa en tu vida y te enfocarás en lo que de verdad importa.

Soluciones para la situación 2: En medio del ajetreo, pero contigo mismo

La gran mayoría de las personas hipersensibles se sentirán identificadas con la siguiente escena: mientras tus acompañantes no hipersensibles están disfrutando de un paseo por el KÖ o el Ku'damm y quizás incluso se mueran de ganas de acudir a un festival folclórico o de ir una discoteca después, tú, que eres una persona hipersensible, casi con seguridad estarás bastante «agotado». La razón de esta falta de energía también radica en la percepción. Como no quiero repetirme, te lo diré muy brevemente: la capacidad en la percepción consciente es limitada. En este sentido, se supone que hay 7 + 2 estímulos que una persona puede percibir conscientemente al mismo tiempo. A esto se añade un importante valor empírico: nuestra energía sigue a nuestra percepción (véase el capítulo «Aprende a controlar la propia percepción»). Cuantos más estímulos percibimos fuera de nosotros, menos estamos con nosotros mismos. Así que nos sentimos menos nosotros mismos, o empezamos a sentirnos más débiles y a ver que no estamos bien. Esto sucede porque perdemos demasiada energía en el proceso. Y por culpa de ello, aun sin querer, perdemos cada vez más nuestra atención hacia el exterior, pues el entorno empieza a parecernos cada vez más inquietante.

Cómo distribuir conscientemente la percepción

La solución a este problema pasa por distribuir conscientemente tu percepción y, a pesar de todo el ajetreo que te rodea, seguir siendo consciente de tu cuerpo. En el ejercicio de reflexión anterior, ya has aprendido a distinguir la percepción interior de la exterior. Si me hubieras preguntado en los años ochenta, cuando aún no era consciente de todo esto y todavía no había desarrollado mis métodos, qué es lo que estaba percibiendo en la Königsstraße de Stuttgart, te habría enumerado todos los estímulos externos y te habría añadido al final que también sentía lo mucho que me estresaba ir de compras y que no me encontraba bien.

No es de extrañar que me sintiera así en medio de tanta gente y de tantísimo jaleo. Lo típico que le pasaba a las personas hipersensibles, a mí también me pasaba, mi percepción ya no estaba conmigo misma, sino principalmente con el exterior. De pronto, percibía de mí sólo el perturbador estímulo de sentirme débil de energías y mis correspondientes pensamientos.

El método que he desarrollado (al principio sólo para mí) es asombrosamente sencillo: distribuyo mi conciencia consciente de tal manera que centro mi atención más en mi cuerpo. En concreto, siento mis pies y mis piernas, mi vientre, mi respiración, y también aún la agradable sensación de caminar erguido y en movimiento, y por supuesto mis pensamientos. Por cierto, éstos son cinco de los nueve estímulos máximos posibles que una persona puede percibir conscientemente al mismo tiempo.

Aunque percibas todo esto a tu alrededor, con esta distribución de la atención que te propongo, por supuesto que seguirás teniendo suficientes sentidos libres para encontrar tu camino, no chocar con ningún otro transeúnte, hacer tus compras e incluso disfrutar de la belleza de la ciudad.

Pruébalo, primero en casa y después también en la ciudad e intenta permanecer así en contacto con tu cuerpo.

Silba a tus perritos falderos

Romper un hábito nunca es fácil, y exactamente lo mismo sucede en el caso de los hábitos de percepción. ¿Qué haces si te distraes de repente y entonces pierdes la percepción de tu cuerpo? Pues que te toca re-distribuir de nuevo tu percepción del modo descrito.

Piensa en tu atención como si de unos canes se tratara. Mientras que los sabuesos y perros de caza vagan libremente, tus cuatro o cinco perritos falderos y perros guardianes deberán quedarse contigo. Sólo tienes que silbarles. Después, cuando ya estén «ahí contigo», siéntete de nuevo.

Trata también de averiguar cómo te sientes cuando tus cinco perritos falderos y guardianes echan a correr tras los sabuesos y los perros guardianes, y se dedican a perseguir todo tipo de estímulos externos y dejan de estar contigo. ¿Y cómo te sientes luego cuando los cinco sabuesos y perros guardianes están otra vez contigo y vuelves a sentirte tú mismo?

Pero ¿y si no te gustan los perros o incluso eres alérgico? No pasa nada, intenta probar con palomas mensajeras y palomas domésticas, por ejemplo.

Y otra cosa...

Es habitual que las personas hipersensibles piensen mucho, y que a menudo les cueste probar cosas y experimentar. Por eso, te propongo hacer lo siguiente: primero, involúcrate en el experimento sin prejuicios y experiméntalo tú mismo. Después, aún tienes tiempo para pensar sobre ello. En ese momento el pensamiento ya no es sólo distante e interminable, ya no es una pura teoría con efecto preventivo, ¡sino que tiene pies y cabeza! Y te aseguro que alguna duda («¿Tan sencillo va a ser?») se resolverá por sí sola gracias a tu experiencia.

QUÉ CONSIGUES

Podrás confiar más en ti mismo y participar más activamente en tu vida. Estarás más relajado y podrás volver a disfrutar de las muchas bellezas y de los múltiples encantos de tu entorno. Podrás elegir libremente entre el retiro en la tranquila esfera privada y las excursiones al animado mundo exterior. ¡Sin duda, ganarás en calidad de vida!

Soluciones para la situación 3: No te pierdas a ti mismo en el contacto con los demás

Las personas hipersensibles, tal y como ya he descrito, desde muy pronto se han adaptado a empatizar en exceso con los demás y a comprenderlos. Mientras que otros sólo aprenden a ponerse en el lugar de su interlocutor en los seminarios de comunicación, las personas hipersensibles hemos de aprender a ponernos límites y a no situarnos en el lugar del otro en determinadas situaciones. Especialmente cuando ya varias veces has experimentado lo que sigue: te encuentras en mitad de una conversación intensa, que puede ser con tu mejor amiga o con tu novio. Cuando llega el final de la conversación, sientes que te falta energía, que no te encuentras muy bien, por mucho que te apasionen las conversaciones intensas y te caiga bien la persona con la que estás hablando. Puede que incluso hayas observado que tu interlocutor se siente mucho mejor que tú al término de la conversación. Más tarde, cuando ya hayas tomado distancia de esta conversación y vuelvas a repasarla, es posible que te des cuenta de que la mayor parte del tiempo estuvisteis hablando de las preocupaciones o de los problemas de tu interlocutor. Quizás a ti te hubiera gustado también hablar de tu persona, de lo que te pasaba o sentías, pero, cuando llegó ese momento que tú tanto ansiabas, a la otra persona le entró la prisa repentinamente y se tuvo que ir.

Sucede que quien centra toda su atención en la otra persona y se pone demasiado en su situación deja de sentirse a sí mismo. De igual manera, también pierde su «instinto» para consigo mismo (curiosamente, suele conservar este instinto para los asuntos de la otra persona). Tampoco se da cuenta del momento en que la conversación deja de agradarle y de que el tema ya no le interesa. Y la consecuencia en este caso es una inevitable pérdida de energía.

La retirada nunca puede ser la solución a esto. Todos necesitamos contacto y resonancia. Aquí la clave está en distribuir conscientemente nuestra atención. Hay conversaciones que son tan apasionantes que nos implicamos al máximo y que nos nutren. De la misma manera, se dan situaciones en las que la otra persona precisa toda nuestra atención y nosotros estamos dispuestos a dársela encantados. Lo ideal, sin embargo, es que ambos interlocutores se dirijan el uno al otro con una atención respetuosa para que así surja la resonancia entre los dos. Sólo así el uno y el otro se nutren energéticamente del encuentro. En tal caso, cada cual «se abre» gustosamente al otro. Pero ¿cómo puedes saber qué es lo que está pasando, si la conversación es buena para ti o no? Una vez más, sólo podrás sentirlo si sigues siendo consciente de tu cuerpo y continúas en contacto con él.

Cómo proceder

La primera pregunta, y la más importante, es la siguiente: ¿de qué tipo de situación se trata? ¿Cuánta empatía resultaría aquí apropiada? Al conversar con un representante o negociar honorarios, siempre es mejor quedarse más con uno mismo, aunque no exclusivamente, para que pueda desarrollarse una base común. (¿Cómo se dice? «Dar gato por liebre». Resulta que el que se deja llevar por sí mismo se sitúa donde la otra persona quiere que esté).

Quien, además, considera su cuerpo un órgano sensorial y un «sensor», no sólo reconocerá en la conversación si sigue o no consigo mismo, sino que también percibirá cómo reacciona su cuerpo ante la situación.

¿Qué nos dice la postura corporal? Esta pregunta se torna especialmente importante cuando estamos sentados. Por lo general, cuando te pierdes, sueles deslizarte hacia la otra persona de forma muy concreta. Así, no sólo te inclinas hacia ella con la mente, sino que también te vas hacia delante. Con un poco más de distancia y una postura erguida, es más fácil determinar conscientemente la distancia interior.

Cuando permaneces conscientemente en contacto con tu cuerpo, te resulta más fácil estar contigo mismo. Así, por ejemplo, puedes ponerte la mano en el muslo o, cuando estés sentado a la mesa, en el otro brazo. Si pudieras ponerte la mano en la barriga y sentir el calor que surge entre tu mano y vientre, el contacto se volvería aún más eficaz. Si coges la costumbre, acabarás aprendiendo a sentir también por norma tu barriga.

Pero debes ser paciente. Ten en cuenta que no es tarea fácil permanecer contigo mismo y mantener una conversación al mismo tiempo. Porque no se trata de que te centres sólo en ti, lo cual sería aburrido y te llevaría a perderte muchas cosas. Aquí la clave está en la distribución diferenciada de tu atención. Hablamos de algo así como de caminos intermedios. Unas veces estás un poco más con la otra persona, y otras ligeramente más contigo mismo. Sólo en situaciones extremas te quedas del todo contigo mismo o del todo con la otra persona. Al principio (¿o quizá sea mejor decir los primeros años?) tienes la costumbre de dejarte absorber por la otra persona. Pero, para ir cogiendo el hábito, basta con volver a uno mismo de vez en cuando durante una conversación.

¿Qué es lo más adecuado en caso de recaída?

Aplicar estos métodos es gratificante. Ya lo verás por ti mismo. Sin embargo, puede ocurrir que en alguna ocasión te olvides de aplicarlos. Puede sucederte cuando estás más agobiado, estresado y cansado. Tranquilo, le puede pasar a cualquiera. De hecho, a mí también me pasa. Ahora ya conozco aquellas situaciones en las que tengo que prestar especial atención. Es muy importante no reprocharse nada y no tirar nunca la toalla. Quizá debas limitarte a uno o dos métodos al principio que luego ya podrás adoptar paso a paso en tu vida cotidiana.

> **QUÉ CONSIGUES**
>
> Las conversaciones te estresan menos. Puedes permitirte más contactos y cercanía, y disfrutar más de las relaciones sociales. Para los otros eres un interlocutor valioso en la conversación porque aportas cada vez más tus puntos de vista. Sin embargo, también puede ser que pierdas uno u otro contacto porque ahora probablemente ya no estarás disponible para la autocomplacencia de la persona que tienes enfrente ni serás más ese cubo en que arrojar sus miserias.

Encontrarás más métodos que te servirán de gran ayuda en mis otros libros *Bis hierher und nicht weiter. Wie Sie sich zentrieren, Grenzen setzen und gut für sich sorgen* (Hasta aquí y ni un paso más. Cómo centrarse, poner límites y cuidarse), *Mein Kind ist hochsensibel* (Mi hijo es hipersensensible: qué hacer) (también contiene ideas y métodos eficaces para adultos) e *Ins Herz getroffen. Selbsthilfe bei seelischen Verletzungen* (Directamente al corazón. Autoayuda para heridas emocionales).

Unos pasos más allá...

No cabe duda de que todo nuevo saber pasa por tres etapas cuando entra en la conciencia colectiva: primero es ignorado, luego combatido y finalmente integrado. Dichas etapas no tienen por qué estar exactamente separadas entre sí; digamos que, en parte, avanzan paralelas, se solapan.

Siempre han existido personas hipersensibles. Ya hace mucho tiempo se hablaba de nosotros, pero pasaron decenas de años hasta que el tema pudo ponerse sobre la mesa y dejar de ignorarse. Después, cómo no, vino la resistencia esperada, a menudo asociada a la falta de rigor científico de la que nos acusaban. De hecho, la existencia de personas hipersensibles pone en cuestión algunos de los supuestos, dogmas y procedimientos básicos de la psicología.

La tercera fase no sólo implica la aceptación e integración del conocimiento, sino también su apropiación, debilitamiento y posibilidad de abuso. Así, por ejemplo, las personas con comportamientos problemáticos utilizan el término como etiqueta para evitar tener que cambiar su actitud. Los terapeutas y *coaches* descubren a las personas hipersensibles como grupo objetivo, aunque, a menudo, luego no les ofrezcan otra cosa más que los viejos puntos de vista y procedimientos que ya antes se vio que no nos convenían.

¿Y cómo reaccionamos a todo esto nosotros, las personas hipersensibles? También en este caso, a veces nos negamos a admitirlo, luego nos resistimos, pero después solemos aceptarlo, a menudo con el gran alivio que supone el hecho de no ser los únicos con estas características: a nuestro alrededor hay otros que experimentan el mundo de forma similar a cada uno de nosotros. ¿Qué ocurre después? Para muchos basta con conocer su hipersensibilidad. A partir de ahí, logran comprenderse mejor a sí mismos y su historia, y aceptarse. ¡Con eso ya han avanzado mucho!

No obstante, también están quienes se identifican con la hipersensibilidad de forma categórica y ésta pasa a ser el único rasgo que ven en su persona. Algunos incluso se creen superespeciales y se sienten llamados a algo superior.

En mi opinión, el camino más prometedor para nosotros, las personas hipersensibles, pasa por aprender a lidiar conscientemente con nuestra percepción de los estímulos, porque no existe otro mundo ni hay espacios seguros ni condiciones especiales para nosotros. Sé mejor que nadie que la mayoría de veces puede resultar tedioso hacer frente a los propios hábitos de percepción, pero, nada más empezar a hacerlo, los éxitos se vuelven evidentes. En la percepción consciente hay aún más oportunidades, porque siempre se pueden plantear y repensar nuevas perspectivas, y hay muchas preguntas que responder.

REFLEXIÓN

- ¿Esta lectura te ha ayudado a ampliar tu visión de ti mismo, de los de tu entorno, de la vida?
- ¿Qué más ha cambiado?
- ¿Te has limitado a leer o también te has involucrado en las numerosas reflexiones y en los muchos ejercicios y métodos propuestos?
- ¿Cuál de estos métodos aplicas en tu vida cotidiana?
- Por cierto, en esto, como en todo, es aconsejable empezar poco a poco. Quizá debas iniciarte con dos, tres o incluso cuatro métodos, y luego ya ir ampliando tu repertorio poco a poco. Aquí la clave está en la constancia.

Al leer este libro, dedicar un tiempo a las reflexiones propuestas y probar los métodos, te has centrado en este rasgo de tu personalidad, pero, sin duda, tienes muchos otros rasgos, cualidades y dones.

¿A ti también te gusta entrar de vez en cuando en este estado imaginario y ampliar tu visión de la vida? Ojalá que con este pequeño ejercicio descubras la fuente de energía que te dé fuerzas para los muchos pequeños pasos que aún te esperan.

Agradecimientos

Desde aquí quiero dar las gracias a todas las personas que han contribuido a que tú, querido lector, tengas ahora este libro en tus manos. Mi agradecimiento infinito a Dagmar Olzog, jefa del Departamento de Programas de Psicología y Pedagogía de la editorial Kösel- Verlag, por invitarme a participar en el proyecto del libro en el momento justo. Gracias también a Heike Mayer, mi editora y comprometida aliada en la lucha por la claridad, la brevedad y la comprensibilidad. Gracias por las valiosas sugerencias para volver a reescribir esta obra con valentía, por los audaces recortes y por la impecable colaboración. Gracias también a los editores Gerhard Plachta y Sandra Czech por su ingente cooperación para sacar a la luz esta edición ampliada.

Recomendaciones de libros

Precursor

Kretschmer, E.: *Medizinische Psychologie*, Stuttgart, 1922.
Schweingruber, E.: *Der sensible Mensch*, Zúrich, 1934.

Libros de Elaine N. Aron

Aron, E: *El don de la sensibilidad*, Ediciones Obelisco, Barcelona, 2006.
—, E: *Manual de trabajo para la persona altamente sensible*, Ediciones Obelisco, Barcelona, 2019.
—, *El don de la sensibilidad en el amor*, Ediciones Obelisco, Barcelona, 2017.
—, *El don de la sensibilidad en la infancia*, Ediciones Obelisco, Barcelona, 2017.

Más libros del autor

Sellin, R.: *Mein Kind ist hochsensibel – was tun? Wie Sie es verstehen, stärken und fördern*, Múnich, 2015.
—: *Ins Herz getroffen. Selbsthilfe bei seelischen Verletzungen*, Múnich, 2016.
—: *Bis hierher und nicht weiter. Wie Sie sich zentrieren, Grenzen setzen und gut für sich sorgen*, Múnich, 2014.

Otras recomendaciones

Gendlin, E. T.: *Focusing. Technik der Selbsthilfe bei der Lösung persönlicher Probleme*, Reinbek, 1998.

HOLMES, T.: *Reisen in die Innenwelt. Systemische Arbeit mit inneren Persönlichkeitsanteilen,* Múnich, 2013. (Introducción fácil de entender para trabajar con partes internas).

JUUL, J.: *Was Familien trägt. Werte in Erziehung und,* Múnich, 2006.

—: *Die kompetente Familie. Neue Wege in der Erziehung,* Múnich, 2007.

KAGAN, J.: The Temperamental Thread. How Genes, Culture, Time, y Luck Make Us Who We Are, Nueva York, 2010. (Describe, entre otros, el grupo de los llamados *high reactors,* 'personas altamente reactivas').

LEVINE, P. A.: *Vom Trauma befreien. Wie Sie seelische und körperliche Blockaden lösen,* Múnich, 2007 (Con CD, contiene ejercicios prácticos para sentir los propios límites, para conectar con la tierra y centrarse).

PEICHL, J.: *Jedes Ich ist viele Teile. Die inneren Selbst-Anteile als Ressource nützen,* Múnich, 2010. (Especialmente recomendable para trabajar los traumas tempranos).

ULSAMER, B.: *Wie Sie alte Wunden allein heilen und neue Kraft schöpfen. Familienaufstellung ohne Stellvertreter.* (Libro de autoayuda con CD).

WATZLAWICK, P.: *Wie wirklich ist die Wirklichkeit,* Múnich, 1976.

—: *Vom Schlechten des Guten,* Múnich, 1986.

— & NARDONE, G.: *Kurzzeittherapie und Wirklichkeit. Eine Einführung,* Múnich, 2001.

WITTEMANN, A.: *Die Intelligenz der Psyche. Wie wir ihrer verborgenen Ordnung auf die Spur kommen,* Múnich, 2000. (Obra básica sobre el trabajo con partes internas).

WOLINSKY, S.: *Die Essenz der Quantenpsychologie. Durchschauen wer wir nicht sind,* Friburgo de Brisgovia, 200.

Contacta con el autor

www.hsp-institut.de, info@hsp-institut.de

Índice